Dieter Karnetzki
Luftdruck und Wetter

Dieter Karnetzki

Luftdruck und Wetter

Klasing & Co GMBH

Autor und Verlag übernehmen für Irrtümer, Fehler und Weglassungen keinerlei Gewährleistung und Haftung. Die Pläne dienen zur Orientierung und nicht zur Navigation; sie ersetzen also keineswegs Seekarten und Seehandbücher.

Weitere Titel des Autors im Delius Klasing Verlag:
Das Wetter von morgen — Praxis für den Yachtsport
Wolken und Wetter

Die Deutsche Bibliothek — CIP-Einheitsaufnahme

Karnetzki, Dieter:
Luftdruck und Wetter / Dieter Karnetzki. — Bielefeld: Klasing 1991
  (Yacht-Bücherei; Bd. 97)
  ISBN 3-87412-130-5
NE: GT

© *Copyright by Klasing & Co GmbH, Bielefeld*

Printed in Germany 1991
Abdruck der Wetterkarten mit freundlicher
Genehmigung des Deutschen Wetterdienstes
Fotos: Dieter Karnetzki
Zeichnungen: Dieter Karnetzki/Ekkehard Schonart
Einbandentwurf: Siegfried Berning
Druck: Kunst- und Werbedruck, Bad Oeynhausen

Inhalt

Vorwort 7
So arbeitet man mit diesem Buch 8

Die Entwicklung der Luftdruckmeßgeräte 9
   Die Entwicklung der schreibenden Barometer 15
   Empfehlenswerte Luftdruckmesser 18

Die physikalischen Zusammenhänge des Luftdrucks 25
   Die Temperatur unserer Atmosphäre 29
   Die Wirkung der Corioliskraft 32
   Die Wirkung der Zentrifugalkraft 38
   Die Wirkung der Reibung 39

13 typische Wetterlagen in Europa mit ihren Barometerkurven . 42
   Beständiges Hochdruckwetter 42
   Eine Warmfront zieht auf 45
   Eine Kaltfront zieht durch 48
   Hochdrucksturm 51
   Seegewitter 54
   Ein Trog bringt schlechtes Wetter 56
   Das gute Rückseitenwetter 59
   Das Wetter im Zwischenhoch 62
   Ein Teiltief bildet sich 64
   Die typische Westlage 67
   Wärmegewitter 69
   Wellenbildung an der Kaltfront 72
   Die Flautefront 75

Sommerliche Wetterlagen, die Überraschungen brachten . . . 78
  Der „Wentorf"-Orkan von 1989 78
  Eine Hitzewelle wird von Wärmegewittern abgelöst 82
  Eine lange Westlage im Hochsommer 86

Der Luftdruck als Wettermacher 89

Der Luftdruck hat Ebbe und Flut 94

Tropopause und Inversion 98

Der Jetstream macht die Tiefs 102

Der Luftdruck in der Wetterkarte 114
  Die Verschlüsselung der Luftdruckwerte in der Wetterkarte . . 116
  Die Höhenwetterkarten 119

Orkan-Navigation mit dem Luftdruckmesser 122
  Das Manövrieren im Orkan 126

Vorwort

Die richtige Interpretation des atmosphärischen Luftdrucks ist wie ein Zentralschlüssel, sie öffnet das Verständnis für all die verschiedenartigsten Wettererscheinungen. Allerdings ist der Luftdruck ein echtes Sensibelchen, denn die wetterrelevanten Druckänderungen sind bereits kleiner als 1 Hektopascal. Obwohl der Druck selbst etwa eintausendmal größer ist, muß doch ein Meßgerät, das diesen Namen zu Recht tragen soll, von außerordentlicher Präzision sein. Es reicht leider nicht aus, irgendein Gerät zu haben, das den Luftdruck mißt – nur weil ein Zeiger sich auf einer Barometerskala bewegt, verdient solch ein Gerät längst noch nicht den Namen Meßgerät.
Auch reicht es leider nicht aus, das Barometer kritisch zu beklopfen, um dann über das Wetter Bescheid zu wissen. Jede Luftdruckänderung hat zwar eine bestimmte Auswirkung beim Wetter zur Folge, deshalb sind wir ja in der Lage, mit der Interpretation der Luftdruckänderung Wetterprognosen zu machen; aber hier ist solides Wissen gefragt und nicht Intuition. Luftdruckveränderungen sind mit Wettererscheinungen sehr eng verknüpft. In diesem Buch zeige ich Ihnen, wie man aus der korrekten Interpretation der Luftdruckschwankungen eindeutige Wetterprognosen macht.

Wer den Luftdruck richtig deutet, hat das Wetter im Griff!

Für Meteorologen und deren Vorhersagecomputer ist der Luftdruck und seine Schwankung genauso wichtig. Die großräumige Verteilung des atmosphärischen Luftdrucks ist die Grundlage für jegliches Verständnis über das Wetter, und zugleich auch die wichtigste Eingangsgröße für die komplizierten Vorhersagemodelle. Computer, die uns das Wetter der nächsten Tage berechnen, müssen mit Luftdruckdaten gefüttert werden. Wenn wir mit derselben Akribie wie die Wetterfrösche den Luftdruck interpretieren, können wir sogar bessere Vorhersagen machen. Wir sind am Ort, lesen die Veränderung des Luftdrucks am Meßgerät ab und interpretieren das Wolkenbild, das hier und jetzt dazu gehört. Mit einem guten Luftdruckmesser sind Sie in der Lage, punktgenaue Wettervorhersagen zu machen – besser und aktueller als jeder amtliche Wetterbericht.

Dieter Karnetzki

So arbeitet man mit diesem Buch

Wer das Wetter im Griff haben will, muß sich sorgfältig mit dem Luftdruck befassen. Der Erfolg dieser Mühe steht und fällt aber mit dem Meßgerät. Leider gibt es viel zuviel Schrott auf dem Markt, der alles andere mißt, nur nicht den wahren Luftdruck, oder aber diesen eben nicht genau genug. Deshalb ist es so ungeheuer wichtig, diesem Punkt große Beachtung zu schenken. Ein guter Barograph oder Baroscope ist die Grundlage für das richtige Verständnis des Wetters. Wer dann noch in der Lage ist, die Wolken am Himmel richtig zu deuten, der schlägt jeden amtlichen Wetterbericht haushoch.

Studieren Sie bitte den ersten Teil des Buches sorgfältig, damit Sie definitiv wissen, welche Forderungen an ein gutes Meßgerät gestellt werden. Ohnedem hat die ganze Arbeit am Thema „Luftdruck" überhaupt keinen Sinn.

Im zweiten Teil des Buches stelle ich Ihnen die wichtigsten europäischen Wetterlagen vor, die im Sommerhalbjahr bei uns auftreten. Hier sehen Sie direkt, wie Luftdruck und Wetter zusammenwirken. Diese Auswahl an Wetterlagen mit der detaillierten Beschreibung der einzelnen meteorologischen Parameter ist dann im praktischen Alltag die Grundlage für Ihre eigene Arbeit.

Nehmen Sie dieses Buch mit, damit Sie sofort nachschlagen können, egal wo es gerade ist. Der Luftdruck wird Ihnen bald so vertraut sein, wie das tägliche Bild der Wolken. Dieses ist das andere Standbein Ihrer eigenen Wetterprognose:

> Wer den Luftdruck analysiert,
> die Wolken richtig interpretiert,
> der ist beim Wetter niemals frustriert.

Die Entwicklung der Luftdruckmeßgeräte

Die Messung des Luftdrucks begann zwar schon im auslaufenden Mittelalter, aber erst der englische Physiker und Chemiker ROBERT BOYLE erfand sozusagen den Namen für das Gerät. 1663 nannte er es erstmalig **Barometer**.
Es arbeitete mit Quecksilber.

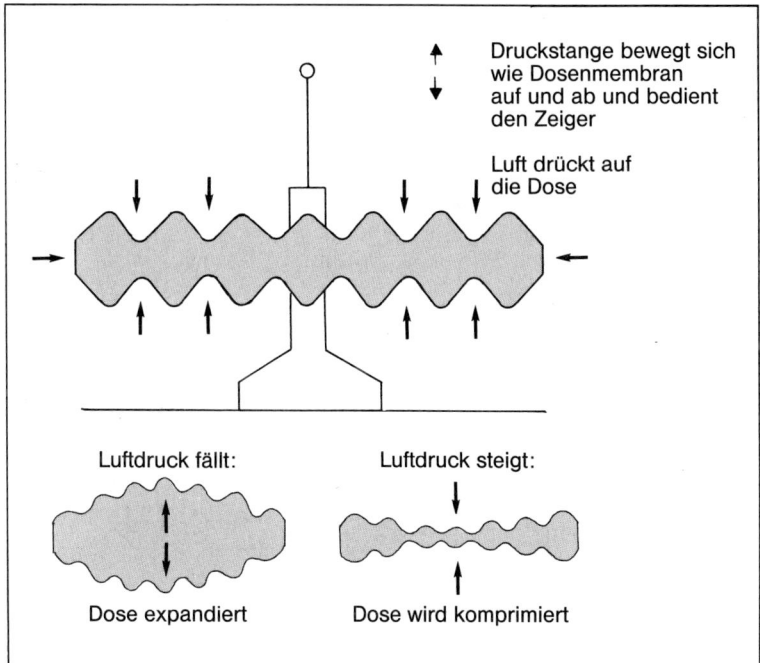

Das Aneroidbarometer − Prinzipskizze.

Die Entwicklung der Luftdruckmeßgeräte

Der nächste historische Schritt bei der Erfindung von Luftdruckmessern war nicht weniger bahnbrechend und feiert heute größere Triumphe als je zuvor. Im Jahre 1848 erfand der Physiker VIDIE das von ihm so benannte **Aneroid-Barometer.**
Der Name muß erklärt werden, denn die Vorsilbe kommt aus dem Griechischen: aneros = nicht feucht (weil es keine Flüssigkeit enthält). VIDIE erfand also ein Barometer, das ohne eine Flüssigkeit arbeitete. Das schien damals nichts anderes zu sein, als eine Laune des forschenden Geistes, heute könnte kein Flugzeug sicher durch die Lüfte schweben und kein Bordcomputer arbeiten, wenn diese **VIDIE-DOSE**, so nannte man auch liebevoll die neue Erfindung, nicht existieren würde.

Worum geht es?
VIDIE baute eine Metalldose, etwa so geformt, wie frühere Schuhcremedosen. Zwischen Boden und Deckel spannte er eine Feder, dann sog er die Luft aus der Dose und verlötete diese rasch, so daß ein starker Unterdruck gegenüber dem umgebenden Luftdruck vorhanden war.
Hätte er die Feder nicht als Stütze eingebaut, wäre ihm schon beim ersten Versuch die Dose zerdrückt worden. Diese Feder muß also so bemessen sein, daß sie den Zusammenbruch der Dose zwar erfolgreich verhindert, aber trotzdem der Luftdruck auf die Dose wirken kann. Eine

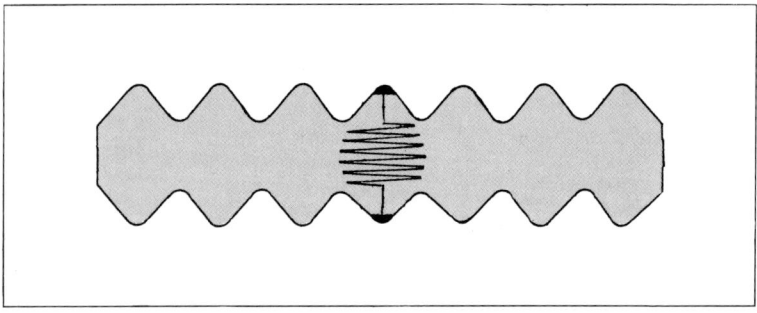

Querschnitt durch ein Aneroidbarometer. Die Feder verhindert sowohl den Kollaps der Dose nach innen, als auch eine Explosion bei extrem niedrigen Drucken.

Barometer

Erhöhung des Außenluftdrucks führt zu einem leichten Eindrücken der Dosenmembranen. Bei einer Verringerung des Luftdrucks bläht sich die Dose, mit Hilfe der Feder, etwas auf. Das ist denn auch schon das ganze Meßprinzip, das im Grundsatz bis heute angewendet wird. Natürlich hat es gegenüber dem Original Verbesserungen gegeben. Ein ganz wichtiger Faktor ist das verwendete Material. Hierbei ergab sich als das Nonplusultra Kupfer/Beryllium. Dies ist eine sehr teure Legierung, die es auch erst seit den dreißiger Jahren gibt. Die deutschen Meteorologen Friedrichs und Fischer haben hier bahnbrechende Forschung und Entwicklung geleistet.

Um die Dosen handlich zu machen, ohne die Meßempfindlichkeit zu verringern, wurde die Oberfläche gewellt; so blieb die aktive Gesamtoberfläche erhalten, aber die Außenmaße waren erheblich verringert.

Vidies Originaldose hatte noch einen Durchmesser von 22 cm – heute kommen Präzisionsbarometer mit einer Dose von einigen Zentimetern aus.

Es stellte sich heraus, daß Dosenbarometer die Neigung haben, den einmal eingependelten Luftdruck auch dann noch anzuzeigen, wenn dieser sich bereits seit Stunden verändert hat (Stichwort: Hysterese). Wenn eine Luftdruckänderung einmal stoppte, wollten die Barometer es nicht wahrhaben, sie hatten sozusagen Nachlaufzeiten.

Trotz konstantem Luftdruck fielen sie einfach weiter. Und wenn man dann im Labor mehrmals dieselbe Meßkurve durchfuhr, ergaben sich immer wieder unterschiedliche Anzeigen auf den Barometern. Die Luftdruckdosen hatten zwei zunächst ungekannte Eigenheiten: Sie waren träge wie ein Dickhäuter, besaßen dabei aber ein Gedächtnis für das, was der Luftdruck tatsächlich gemacht hatte.

Die Anwendung auf unsere Vidie-Dose: Wenn sie besonders genau anzeigen sollte – und das immer wieder –, mußte man dem Metall das Gedächtnis nehmen. Metallurgen konnten herausfinden, warum eine Barometerdose gar nicht so ohne weiteres den momentanen Luftdruck anzeigt, sondern ein undefinierbares Mixtum aus wahrem Luftdruck, vorherigem Luftdruck, Einfluß der Temperatur und einiger anderer Faktoren mehr.

Die Entwicklung der Luftdruckmeßgeräte

Wenn das Metall ein bestimmtes Alter erreicht hatte, verlor es das Gedächtnis für Jugendereignisse, mit zunehmendem Alter wird auch die Sprödität geringer, das Metall wird geschmeidiger. Temperatureinflüsse lernte man mit vielen Tricks zu kompensieren, so daß sie sich gegenseitig aufhoben. Heute sind alle Druckdosen sorgfältig vorgealtert, die Temperaturkompensierung ist bei teureren Geräten sehr aufwendig.

Ein letztes zu lösendes Problem stellte die Mechanik dar, denn es war schließlich notwendig, das Auf und Ab der Dosenmembranen auf eine Luftdruckskala zu bringen. Grundsätzlich war das machbar, aber der maximale Hub einer Vidie-Dose beträgt nicht mehr als ein paar hundertstel Millimeter. Und das gilt für die ganze Spanne des möglichen Luftdrucks, also etwa für den Luftdruckbereich von 950 hPa bis 1050 hPa. Das heißt, der Zeiger müßte entweder riesig lang sein, damit man überhaupt etwas ablesen kann, oder er brauchte eine Übersetzung. Nun, beides ist nicht zu verwirklichen, weil die Gewichte (Massen) bei beiden Maßnahmen jede Messung der schwachen Ausschläge sofort zerstören. Jede Art von Zeiger, der die Dosenbewegung direkt anzeigen soll, darf eigentlich keine Masse haben – er dürfte also gar nicht da sein.

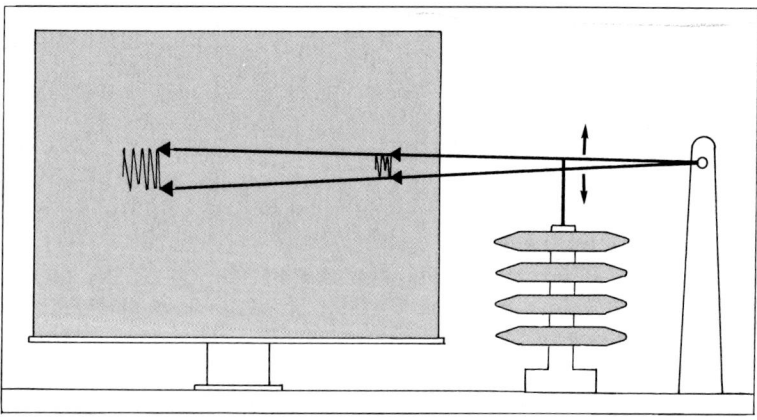

Trommelbarographen brauchen viele Vidie-Dosen und einen langen Zeiger, um detailliert aufzeichnen zu können. (Skizze mit kurzem/langem Zeiger).

Dann hätten wir zwar eine genaue Druckdose, wüßten aber nicht, wieviel Hektopascal es geschlagen hat. Das wäre nun auch wiederum ein wertloses Gerät.

Was tun? Bis vor wenigen Jahren gab es statt echter Lösungen nur mehr oder weniger gelungene Kompromisse, die sich bereits am Preisgefälle ablesen ließen. Je feiner die eingebaute Mechanik, desto weniger stört sie zwar die Druckdose, desto aufwendiger aber ist ihre Herstellung, nicht zuletzt auch unter dem Gesichtspunkt der Haltbarkeit und Robustheit. Gute Barometer hatten immer ihren Preis, daran wird sich wohl auch nichts ändern.

Natürlich ist man auch bald auf die Idee gekommen, die Wirkung der Dose zu verstärken, indem man einfach mehrere Dosen aufeinanderschaltete, so daß sich die Ausschläge addierten. Dieser Weg stellte sich aber als nicht unbedingt erfolgreich heraus, denn leider verstärken sich auch die Fehler der einzelnen Dosen. Nur ganz erfahrene Hersteller sind deshalb in der Lage, Präzisionsbarometer mit mehreren Dosen anzufertigen, die dann den Vorteil haben, trotz eines großen Zeigers große Genauigkeit zu bieten.

Neue Technologien haben seit einigen Jahren dem bewährten, aber doch betagten Vidie-Prinzip zu ungeahnten Höhenflügen verholfen. So sagten sich einige findige Köpfe der Neuzeit: Lassen wir doch die Mechanik weg, **messen wir masselos und berührungslos.** In der Tat läßt sich durch fortschrittliche Techniken inzwischen auf verschiedene Weise nahezu ideal messen, was unsere vielzitierte Vidie-Dose an Luftdruckschwankungen so anzeigt. Man bedenke aber immer, daß alle modernen und hypermodernen Luftdruckmesser als Meßsystem immer die gute alte Vidie-Dose behalten haben.

Heutiger Stand der Luftdruckmesser

Heutige Barometer der Spitzentechnologie arbeiten in jedem Falle völlig berührungslos. Die moderne Technologie gestattet dabei sogar verschiedene Verfahren:

Bei der induktiven Methode wird durch die Dosenbewegung ein sensibles

Die Entwicklung der Luftdruckmeßgeräte

Magnetfeld verändert, dessen Schwankung dann von einem Mikroprozessor verarbeitet, gespeichert und auf einem LCD dargestellt wird.
Bei der kapazitiven Methode geht man genauso vor, nur wird hier die Kondensatorwirkung als Medium genommen. In ähnlicher Weise haben sich bereits Füllstandanzeiger für Tanks etc. bewährt.
Die dritte moderne Methode hat einen völlig anderen Ansatz. Hier schickt man einen Lichtstrahl auf den Dosendeckel, und zwar so, daß er total reflektiert wird und auf einem Meßspiegel auf der anderen Seite aufgefangen wird. Hebt oder senkt sich nun die Dose, wird der Lichtstrahl entsprechend in anderen Winkeln reflektiert und zeigt ein anderes Ergebnis an.
Konventionelle Dosenbarometer gibt es in allen Qualitätsstufen. Leider ist es der Industrie noch immer nicht gelungen, die technologisch hochwertigen Geräte auch zu den schönsten zu machen. Meistens enthalten die schönsten Geräte nur Billigtechnologie. Vielleicht ist es durch den enormen Technologieschub der letzten Jahre auch gar nicht mehr nötig. Ich glaube, daß die nur „schönen" Messingbarometer immer ihren Markt haben werden, denn den Yachtbesitzern kommt es in diesem Falle darauf an, in ihrem Boot eine schiffige Atmosphäre zu erzeugen. Dazu sind die klassischen Grundbausteine Glasenuhr und Barometer eben prädestiniert. Nur wehe dem, der bei diesen Geräten Luftdrucktendenzen ablesen will, um sich eine Wetterprognose zu machen – das würde schiefgehen. Die Entscheidung für ein Präzisionsbarometer wird in der Zukunft immer leichter werden, da auch in dieser Branche der Preisverfall radikal ist.
Wenden wir uns nun einem anderen Gesichtspunkt zu: Barometer sind Anzeiger des Momentanwertes des Luftdrucks. Jeder vorherige Wert ist leider verfallen, weil es keinerlei Speicherung der Werte gibt. Nun hat aber der aktuelle Wert des Luftdrucks gar nichts mit dem Wetter zu tun, denn bei beispielsweise 1025 hPa kann die Sonne scheinen, kann es regnen oder gewittern, kann es stürmen oder Flaute sein. Einzig wichtig ist das Verhalten des Luftdrucks, also wie schnell er gefallen oder gestiegen ist. Abhilfe von diesem Dilemma wäre, etwa jede Stunde rund um die Uhr den abgelesenen Wert zu notieren – so machen es die Wetterdienste.

Glücklicherweise hatte ein faules Genie die Idee, das Barometer selbst aufschreiben zu lassen, und zwar kontinuierlich. Den Erfinder des schreibenden Barometers ist leider unbekannt geblieben.

Die Entwicklung der schreibenden Barometer

Barometer, die den Luftdruck kontinuierlich aufschreiben, heißen **Barograph**.
Die Entwicklung von der Nur-Anzeige des Barometers zur Anzeige und Registrierung war eine Forderung der Meteorologen, als sie herausgefunden hatten, in welch kompliziertem Wechselspiel der Luftdruck und das Wetter zusammenhängen. Wenn also bereits kleinste Luftdruckschwankungen Wettererscheinungen produzieren können, müssen diese Werte unbedingt erfaßt werden. Das ging aber nicht über eine stündliche Ablesung. Außerdem haben sowieso nur staatliche Wetterdienste genug Personal, um regelmäßig aufzuzeichnen.
Ein Barometer zum Schreiben zu bringen ist gar nicht schwer. Der Hub der Vidie-Dosen wird über ein Gestänge auf einen Schreibstift gebracht, und dieser malt eifrig auf einen Papierstreifen, was die Dose ihm „erzählt".
Einige Forderungen galt es dann noch konstruktiv umzusetzen: Die Gestänge der Mechanik reiben sich, ebenso der Schreibstift auf dem Papier. Diese Widerstände kann der schwache Hub einer Vidie-Dose nicht überwinden, deshalb hat es sich bewährt, eine Batterie von Dosen zusammenzuschalten.
Der Papierstreifen, auf dem der Luftdruck registriert wird, ist auf eine Trommel gespannt, deren Antrieb durch eine Feder erfolgt. Je nach Fabrikat kann für einen Trommelumlauf die Zeitskala variiert werden. Ein Umlauf entspricht dann entweder einem Tag, einer Woche oder einem Monat. Für Freizeitbedarf hat sich in jeder Hinsicht der Wochenumlauf bewährt.

Die Entwicklung der Luftdruckmeßgeräte

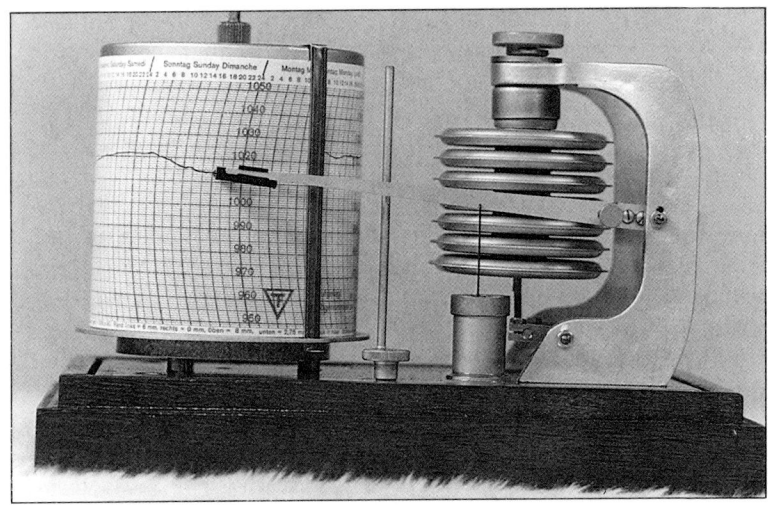

Der Barograph zeichnet den Luftdruck auf eine Papiertrommel auf, damit kann man sich jederzeit ein Bild über die Entwicklung der Wetterlage machen.

Das Problem der Bordtauglichkeit

Die früheren Barometer und Barographen waren für den Einsatz auf Sportbooten überhaupt nicht geeignet. Hier möchte ich nur die mechanische Empfindlichkeit der Geräte nennen, die harte Stöße gar nicht abkonnten. Heute sind zwar die Vertreter der Präzisionsgeräte jeder Rüttelei absolut gewachsen, aber der Barograph birgt in sich ein besonderes Problem – das Stichwort heißt: Massenträgheit. Das Gestänge und besonders der sehr lange Schreibarm wiegen zwar wenig, aber, was eine geringe Masse besitzt, hat auch nur eine geringe Massenträgheit. Das Ergebnis: Jedes feine Vibrieren des Schiffes, beispielsweise unter Motorfahrt, läßt den Schreibarm tanzen. Aber auch jedes Stampfen und Rollen des Schiffes sowie Bolzerei gegenan lassen den Schreibarm wild und unkontrolliert ausschlagen.

Eine Dämpfung mußte her, und sie wird denn auch bei vielen Geräten angeboten. Nur muß man sich darüber klar werden, daß mit diesen Tech-

Die Entwicklung der schreibenden Barometer

niken, wie etwa Lagerung auf Schwingmetallen oder Ölkolbendämpfung für den Zeiger, nur eine Minderung der sonst unkontrollierbaren Schreibarmbewegungen erreicht werden kann. Wer zu gut dämpft, der hat nichts mehr vom Luftdruckmesser, wer gar nicht dämpft, hat auch nichts davon. Die Weisheit liegt also wieder einmal zwischen den Extremen. Für mechanisch angetriebene Trommelbarographen ist eine Dämpfung für den Bordgebrauch unerläßlich, nämlich entscheidend für die Ablesbarkeit.

Die elektronischen Barographen können auf eine Dämpfung völlig verzichten, weil sie entweder gar keinen mechanisch geführten Zeiger haben oder den Schreiber nur für den Moment der Messung einschalten. Beide Verfahren lösen also ganz elegant das größte Problem der Bordtauglichkeit: die genaue Ablesbarkeit, besonders bei schwerem Wetter. Zum Thema – Bordtauglichkeit – gehören leider auch andere Faktoren, bei denen viele Firmen immer noch schwer sündigen und den Käufer genaugenommen betrügen. Gemeint sind hier beispielsweise Materialien, die weder feuchtigkeitsbeständig sind, noch resistent gegen Salzwasser. Da gibt es Geräte, die ganz gedankenlos aus Materialkombinationen bestehen, die sich bereits bei Berührung langsam zersetzen (Stichwort: elektrochemische Spannungsreihe). Eisenblech wird munter mit Aluminium verbunden, und billige Messinglegierungen fehlen auch nicht. Das Ergebnis ist ein vor sich hin rottendes Gerät, das nach kurzer Zeit nur noch einen Luftdruckwert anzeigt. Leider beginnt die Korrosion unsichtbar immer drinnen, so daß man doch länger geleimt wird, bevor der Schwindel auffliegt.

Die schönen Messinggehäuse werden zum Teil immer noch mit dem untauglichen Zaponlack geschützt, der die marine Korrosion nur in der ersten Saison abhalten kann. Oft sind elektronische Bauelemente weder gekapselt, noch hinreichend gegen Salz geschützt. Das Ergebnis sind zuerst rottende Kontakte und dann der Geräteausfall. Warum läßt sich das der Yachteigner gefallen? Verlangen Sie als Käufer meteorologischer Instrumente eine Garantie auf das gesamte System, und vergewissern Sie sich einer raschen und problemlosen Reparaturleistung für den Fall der Fälle.

Die Entwicklung der Luftdruckmeßgeräte

Empfehlenswerte Luftdruckmesser

Der Markt ist recht groß, wenn man nach Barometern oder Barographen fragt. Doch leider wird viel Wertloses angeboten. Die Mikroelektronik ermöglicht dazu einige neuartige Produkte, die plötzlich auftauchen und schon wieder in der Versenkung verschwunden sind, wenn sie gerade erst in den Fachmedien vorgestellt werden.
Die zentrale Frage, die sich dem Interessenten stellt, ist schlicht: **Welche Geräte sind ihr Geld wert und taugen etwas?** Viele Geräte, die auf einer Bootsausstellung angepriesen werden, sind nur einen Sommer lang im Angebot. Es lohnt nicht das Papier, auf dem die Kritik stünde. Die Umkehrung der Fragestellung bringt uns weiter:

Welche Barometer sind aus meteorologischer Sicht wertlos?

Es gibt viele Barometer, die schön sind, ich meine einfach, sie sind schön anzusehen und auch schön zu haben. Das Kaufargument sollte Besitzerstolz sein, nicht aber unbedingt das Interesse an Luftdruck und Wetter. Diese schönen Barometer haben immer ihre Existenzberechtigung gehabt, und das soll auch so bleiben. Nur bedenken Sie, daß, wie so oft im Leben, die eine extreme Eigenschaft (schön) leider mit einem anderswo gelagerten Mangel verbunden ist.
Messingdesign-Barometer, passend zur Glasenuhr, sind meteorologisch wertlos.
Elektronische Plastik-Kästchen, die geheimnisvoll ihr Innenleben verbergen und sich nur mit einigen Lämpchen an den Besitzer wenden, sind völliger Schwachsinn – trotzdem wird es immer wieder findige Verkäufer geben, die einen weniger findigen Kunden suchen. Ob diese Lämpchen nun signalisieren, ob der Druck steht, fällt oder steigt, oder ob die Lämpchen gleich die zu erwartende Windstärke anzeigen, vergessen Sie solche Wunderkisten. Die Tatsache allein, daß der Druck steigt oder fällt ist so wertlos wie irgendetwas; absoluter Unsinn ist es dann aber, wenn einzelne Kästchen noch die kommende Windstärke mit farbigen Lämpchen anzeigen.

Empfehlenswerte Luftdruckmesser

Elektronische Barometer, die die Luftdrucktendenz mit Leuchten anzeigen, sind meteorologisch völlig wertlos.
Elektronische Barometer, die die zukünftige Windstärke anzeigen, sind meteorologischer Mumpitz.
Elektronische Barometer, die die Luftdrucktendenz nur mit Symbolen anzeigen, sind meteorologisch ebenfalls völlig wertlos.
Elektronische Barometer, die den Luftdruck digital anzeigen (über LCD), suggerieren eine Genauigkeit, die sie objektiv gar nicht haben. Diese etwa zigarettenschachtelgroßen Geräte werden in allen möglichen Designs wie Sauerbier angeboten, doch das macht sie nicht besser. Seien Sie hierbei sehr auf der Hut, denn meistens wird der Luftdruck über einen Piezokristall gemessen, weil das für die elektronische Weiterverarbeitung so schön einfach ist. Dies gilt übrigens auch für die elektronischen Geräte mit den Lämpchen.
Die vollelektronische Luftdruckmessung (also ohne Vidie-Dose) ist an sich eine erstrebenswerte Sache, nur hat sie den Nachteil, daß der Kristall extrem temperaturanfällig ist und daneben noch einige andere sensible Reaktionen zeigt. Die vollelektronische Luftdruckmessung ist nur unter hohem Kostenaufwand unter Laborbedingungen realisierbar. Für den Bordgebrauch sind alle diese Geräte meteorologisch völlig wertlos, weil es sich um technische Magerversionen handelt, die alles andere neben dem Luftdruck auch messen. Das, was angezeigt wird, hat herzlich wenig mit dem richtigen Luftdruck zu tun – leider.

Was bleibt eigentlich über bei so vielen Mängeln?

Es ist in der Tat nicht viel, was empfohlen werden kann. Natürlich sind die guten alten Trommelbarographen nach wie vor empfehlenswert, denn ihre Funktionstüchtigkeit und Zuverlässigkeit sind genauso garantiert wie die hohe Meßgenauigkeit. Ein *guter* Trommelbarograph begleitet einen Seemann sein Leben lang, auch wenn später das Gerät im Wohnzimmer statt auf der Yacht stehen wird. Sein letztes Schiff wird man aus Altersgründen irgendwann verkaufen müssen – den Barographen aber nimmt man mit nach Hause.
Gute Trommelbarographen sind im modernen Acryldesign erhältlich,

Die Entwicklung der Luftdruckmeßgeräte

ebenso in schiffigen Mahagonikästchen. Gute Trommelbarographen tragen einen deutschen Namen, und der heißt entweder: Friedrichs, Fischer, Lufft oder Wempe. Die vertrauten alten Trommelbarographen mögen noch so beliebt sein, die Zeit ist längst an ihnen vorbeigeeilt, und das mit riesigen Elektronikschritten.
Elektronische Barographen sind die Geräte der Zukunft. Besser als mit diesen Geräten kann man wohl kaum die Wünsche von Meteorologen und allen meteorologisch Interessierten erfüllen.
Ihre Vorteile sind schnell genannt und beeindrucken jeden:

— höchste Präzision
— keinerlei Meßfehler
— keine Schreibarmunruhe
— selbsttätiger Betrieb für eine ganze Saison

Zu den heutigen elektronischen Barographen gibt es aus meteorologischer Sicht überhaupt keine Alternative. Wer sich für den Luftdruck — und damit für das Wetter — wirklich interessiert, der kommt nicht umhin, sich eines dieser Geräte für sein Schiff anzuschaffen. Und bedenken Sie bitte stets:
Ein guter Barograph ist ebenso wichtig wie ein Rettungsgerät.

Der Meteo-Liner Baroscope von Sprecher

Die österreichische Firma Sprecher Energie, Linz, hat hier 1990 ein absolutes Spitzenmodell auf den Markt gebracht. Das Gerät arbeitet vollelektronisch und tastet natürlich die Vidie-Dose berührungslos ab. Die Darstellung des Luftdrucks erfolgt auf einem Flüssigkristall-Display (LCD). Sehr großen Wert hat man darauf gelegt, nur die besten Materialien zu verwenden. Die gesamte Elektronik ist High-Tech vom allerfeinsten, dazu noch gegen jeden Witterungs- oder Salzeinfluß versiegelt.
Die Meßgenauigkeit und auch die grafische Darstellung des Luftdrucks haben meine Anforderungen bei weitem übertroffen. In der Anzeige werden jeweils 24 Stunden Druckaufzeichnung dargestellt. Alle drei Stunden verschiebt sich automatisch die ganze Anzeige. Natürlich sind Datum und aktuelle Zeit stets eingeblendet. Die internen Batterien

Empfehlenswerte Luftdruckmesser

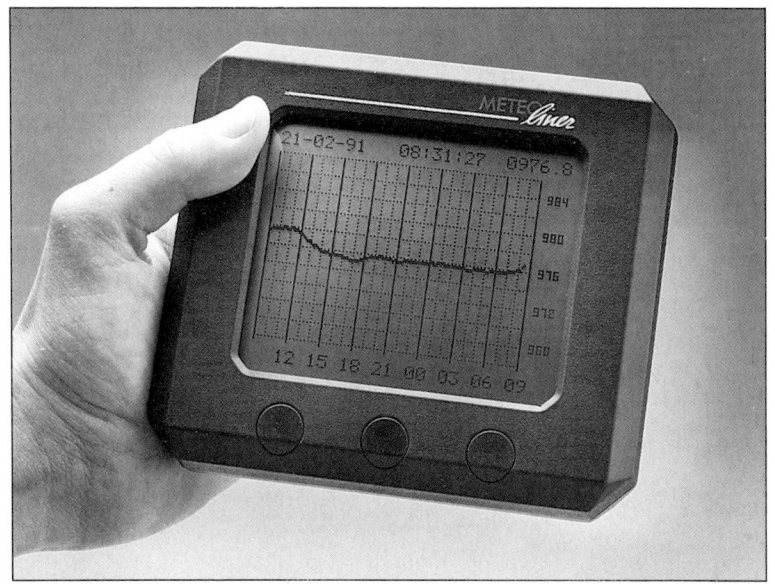

Elektronischer Präzisions-Baroscope Meteo-Liner.

erlauben einen langen mobilen Betrieb. Wird das Gerät an das Bordnetz angeschlossen, schaltet es automatisch die internen Batterien ab. Für den Betrieb zu Hause steht ein 220-V-Adapter zur Verfügung.
Als lobenswerte Innovation bietet Sprecher einen einstellbaren Drucktendenzalarm. Hier kann man sich also je nach Revier und Jahreszeit einspeichern, bei welcher Druckänderung das Gerät Alarm schlagen soll. Wichtig für Charterer ist schließlich noch, daß Meteo-Liner unbesorgt in jedem Flieger mitgenommen werden kann. Besondere Maßnahmen sind dazu nicht erforderlich, denn das Gerät verträgt jede Flughöhe.

Gesamturteil:
Meteorologische Bewertung: Exzellent.
Technische Bewertung: Exzellent.

Die Entwicklung der Luftdruckmeßgeräte

Der Wempe Marine-Barograph

Hier kann man wohl zu Recht von dem Mercedes unter den Barographen sprechen. Schon am Äußeren hat man viel getan, daß dieses Präzisionsinstrument zu einer wahren Augenweide geworden ist. Wahlweise wird das Gehäuse aus Mahagoni oder Teak, die Frontseite aus hübschem und pflegeleichtem Acryl gefertigt, das man entweder in Weiß oder Golddekor erhalten kann. Für jeden Geschmack etwas.

Die Aufzeichnung ist absolut präzise und sauber, der Druckverlauf der vergangenen drei Tage ist jederzeit voll im Blickfeld. Es wird viele erfreuen, daß die Papierrolle für 365 Tage vorgesehen ist. Wer im Winter-

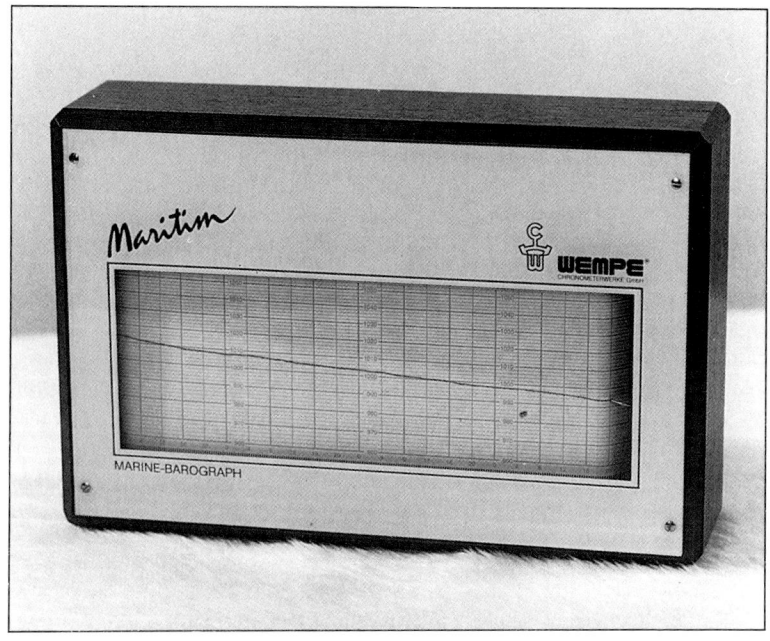

Marine-Barograph.

lager die Batterien herausnimmt, kann so zwei Saisons mit einer Rolle auskommen. Allerdings wird solch ein Gerät dann besser auf dem Schreibtisch genutzt. Der Schreibstift hält mindestens fünf Jahre, die Batterien halten ein Jahr.

Der Wempe Marine-Barograph arbeitet mechanisch-elektronisch. Die Vidie-Dose (hier ein Satz aus zweien) wird völlig berührungslos abgetastet. Wem die normale Aufzeichnung nicht ausreicht, der kann den Papiervorschub verdoppeln. Das hat den Vorteil, daß die Luftdruckänderungen noch deutlicher herauskommen. In diesem Fall gilt die oben auf dem Papier aufgedruckte Zeitskala, bei der natürlich die Zahl der Meßtakte ebenfalls verdoppelt ist.

Ein anderer Clou dieses Gerätes ist, daß sich überhaupt keine Erschütterungen auf dem Schrieb darstellen, wie es bei mechanischen Trommelbarographen doch mehr oder weniger zwangsläufig ist. Das Meßwerk wird nämlich nur alle 12 (6) Minuten für den Meßvorgang selbst eingeschaltet. Danach transportiert ein Stellmotor über ein Getriebe den Schreibstift an die richtige Stelle, sprich zu dem richtigen Druckwert auf der Skala. Zugleich wird das Papier entsprechend vorangeschoben, geräuschlos. (Das war bei den ersten Geräten noch nicht möglich.)

Mögliche Anzeigefehler, die aus Erschütterungen, Nullpunktdrift und Massenträgheit entstehen können, sind hier überhaupt nicht möglich. Erwähnenswert ist auch die Tatsache, daß **alle** Materialien absolut seewasserfest sind.

Gesamturteil:
Meteorologische Bewertung: Exzellent.
Technische Bewertung: Exzellent.

Der Wempe Präzisionsbarograph

Die elektronischen Barographen und Baroscope leisten viel bei ungeheurer Präzision – trotzdem werden Sie weder jetzt noch künftig den ganzen Markt beherrschen, denn es gibt eine große Anzahl von Schiffseignern, die keinen gesteigerten Wert auf den letzten Schrei der Technologie legen, sondern vielmehr Gediegenheit und Schönheit an sich bevor-

Die Entwicklung der Luftdruckmeßgeräte

Trommelbarograph.

zugen. Der klassische Trommelbarograph vom **Wempe** hat sogar den Versuch gewonnen, unter Schönheit von ausgesuchten Materialien und exzellenter Form etwas von moderner Technik zu verstecken.

Sehr bewährt hat sich die Öldämpfung für den langen Zeiger, der einige Schiffsbewegungen gut wegdämpft. Die Meßwerke sind äußerst präzise und robust. Für den Trommelantrieb werden kleine Batterien verwendet, die eine ganze Saison halten und zugleich eine präzise Quarzuhr antreiben. Das elegante Mahagonigehäuse mit seinen dezenten Messingbeschlägen ist ganz auf den Liebhaber edler Schmuckstücke ausgerichtet.

Das zusätzliche Barometer, daß den Blick auf die Druckdosen verdeckt, ist mehr Stilelement als Notwendigkeit. Die Replika eines alten Schiffsbarometers zeigt nämlich den selben Wert an, wie der Schreibarm auf der Trommel. Allerdings ist der Barograph auch ohne das schmückende Zusatzgerät erhältlich.

Gesamturteil:
Meteorologische Bewertung: Exzellent.
Technische Bewertung: Exzellent.

Die physikalischen Zusammenhänge des Luftdrucks

Sonne und Erde sind mit ihren astronomischen Bahnen natürlich die Hauptakteure bei der „Produktion" von Wetter und Klima, aber leicht wird vergessen, daß dazwischen eine lebensnotwendige, unsichtbare Schicht ist, ohne die die Erde ein toter Planet wäre und auch kein herkömmliches Wetter hätte. Wir sprechen von der schützenden Lufthülle der Erde, der **Atmosphäre**.

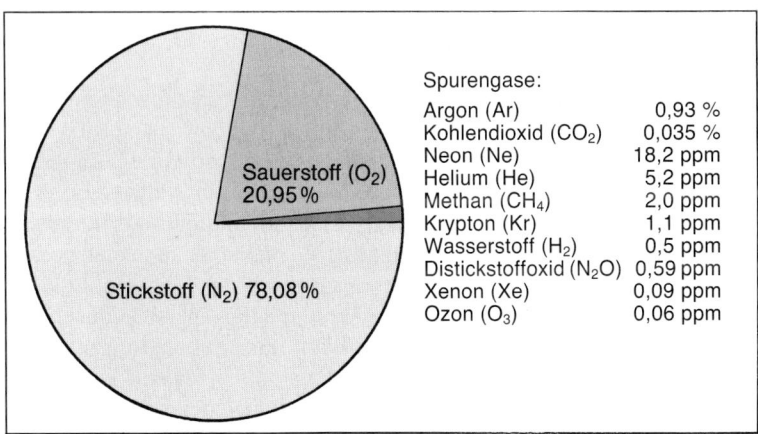

Die Zusammensetzung unserer Atmosphäre
Diese Zusammensetzung der Atmosphäre ist bis zur Höhe von 100 km konstant. Ausnahme macht das Ozon, das in der Schicht von 20–50 km ein Maximum mit 5–10 ppm erreicht.

Die physikalischen Zusammenhänge des Luftdrucks

Ohne die Atmosphäre wäre die Erde so tot wie der Mond. Dort, wo die Sonnenstrahlen gerade die Erde erreichen, stiege die Temperatur auf über 80 Grad Celsius. Zugleich würde es in der nächtlichen Zone auf minus 140 Grad abkühlen. Die Erdatmosphäre ist zwar unsichtbar, aber doch recht kompliziert aus etwa 12 verschiedenen Gasen aufgebaut und zudem recht schwergewichtig. Die Lufthülle der Erde hat das stolze Gewicht von 5600 Billionen Tonnen.

Man stelle sich eine senkrecht stehende Luftsäule vor, die eine Grundfläche von 1 cm mal 1 cm hat und von der Erdoberfläche bis zum Oberrand der Atmosphäre reicht. Diese Luftsäule wiegt genau 1,03 kg. Man sagt auch, der Flächendruck pro Quadratzentimeter sei 1,03 kg. Berücksichtigt man nun einmal die ganze Hautoberfläche eines Menschen, so ergibt sich eine gesamte Gewichtsbelastung von 10 bis 20 Tonnen auf den menschlichen Körper.

Hier ist zu berücksichtigen, daß der Druck der Luft zwar durch die Wirkung der Schwerkraft zustande kommt, daß aber Gase die Eigenschaft haben, sich nach allen Seiten auszubreiten. Deswegen ist es auch unerheblich, wie der Druckmesser aufgestellt ist – die Luft drückt von allen Seiten.

Anders sieht es dagegen aus, wenn wir den Luftdruckmesser anheben. Je höher wir dabei hinaufgehen, desto weniger Luftgewicht ist dann noch über uns, weil ja ein gewichtiger Anteil bereits unter uns ist. Zu jedem Luftdruckwert gehört also eigentlich die Angabe, in welcher Höhe er gemessen wurde. Ohne diesen Zusatz ist jeder Luftdruckwert wertlos. In der Seefahrt kann man das vernachlässigen, denn hier kann man getrost davon ausgehen, daß der Luftdruck in etwa an der Meeresoberfläche gemessen wurde. Allerdings ist diese Annahme bei einigen Großschiffen keinesfalls mehr berechtigt, denn die großen Pötte haben Brückenhöhen bis zu 40 Metern. Um dieses Gewicht der 40 m dicken Luftschicht unterhalb des Meßgerätes zeigt es auch zu gering an. Meteorologen können diesen eigentlich falschen Druckwert eines dicken Pottes exakt korrigieren. Das gleiche gilt auch für Messungen aus Flugzeugen oder auf Bergen.

Atmosphäre

Die Umrechnung des gemessenen Luftdrucks auf das Meeresniveau

Auf den ersten 1000 m Höhe über NN nimmt der Luftdruck pro 8 m Höhenunterschied um 1 hPa ab. Wer sein Meßgerät an Bord beziehungsweise zu Hause auf den wahren Druck justieren will, verfährt so:

bis 4 m Höhe → + 0,5 hPa auf NN
bis 8 m Höhe → + 0,1 hPa auf NN
bis 12 m Höhe → + 1,5 hPa auf NN
bis 16 m Höhe → + 2,0 hPa auf NN

Dazu ein Beispiel: Der auf NN vom Werk eingestellte Baro zeigt zu Hause 1008,5 hPa an. Das Haus liegt auf 48 m Höhe über NN. Der wahre Luftdruck ist also um die 48 m hohe Luftschicht geringer.

$$\frac{48 \text{ m Höhe}}{8 \text{ m/hPa}} = 6 \text{ hPA}$$

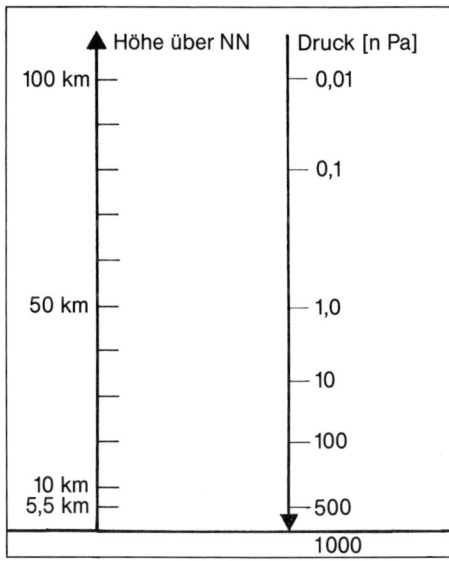

Die barometrische Höhenformel
$$Z = \frac{RT}{g} Ln \frac{P}{P_O}$$

Z = Höhe über NN
R = Gaskonstante
T = Temperatur
P_O = Luftdruck auf NN
P = Luftdruck auf der Höhe Z
g = Schwerebeschleunigung
Aus diesem logarithmischen Zusammenhang folgt, daß der Luftdruck sich immer halbiert, wenn man eine Höhenstufe weiter heraufgeht.

Die physikalischen Zusammenhänge des Luftdrucks

Der wahre Luftdruck beträgt also 1008,5 − 6 = 1002,5 hPa. Die Höhe Ihres Wohnsitzes über NN können Sie aus Wanderkarten entnehmen oder beim Katasteramt erfragen. Wetterkarten enthalten immer den auf NN reduzierten Luftdruck.
Die wichtigste Formel für den Druck der Luft und seine Korrekturen ist die **Barometrische Höhenformel.** Sie scheint für Laien ein Buch mit sieben Siegeln zu sein, ein Meteorologe kann aber mit ihrer Hilfe alle Zusammenhänge zwischen

Luftdruck,
Luftdichte und
Lufttemperatur berechnen.

Der Luftdruck wird geringer, je höher wir ihn messen. Da auf die untersten Luftschichten der ganze Rest drückt, werden diese verständlicherweise auch in erheblichem Maße zusammengedrückt. Daher ist die Luftdichte „unten auf der Erde" auch erheblich höher als „oben". Luftdruck und Luftdichte nehmen also rasch mit der Höhe ab. Bereits in 5,5 km Höhe hat sich der Luftdruck halbiert. Das heißt aber auch, daß die Hälfte der Luft unserer Atmosphäre in einer dünnen Schicht von 5,5 km Dicke konzentriert ist. Nach jeweils 5,5 km Höhe halbiert der Luftdruck sich gegenüber dem darunter liegenden Wert. In etwa 100 km Höhe haben wir nicht einmal mehr ein Tausendstel Hektopascal Luftdruck. Hier sprechen die Wissenschaftler bereits von einem Vakuum.
Eigentlich kann man also die Frage nach dem Oberrand der Atmosphäre unter diesen Aspekten gar nicht beantworten. Hinsichtlich Luftdruck und -dichte hat die Erdatmosphäre keinen Oberrand. Wenn man sich mit Wolken und Wetter befaßt, ergibt sich aber, daß für die hier beteiligten Elemente wohl ein Oberrand existiert. Näheres dazu in einem späteren Kapitel.
Wieso kann die Erde eigentlich die Atmosphäre festhalten? Die Frage scheint berechtigt, denn die einzelnen Gasmoleküle könnten schließlich von der Fliehkraft in den Weltraum geschleudert werden. Nun, die Schwerkraft der Erde ist so groß, daß sie dies nicht zuläßt. Im Zeitalter der Raketen spricht man von der kosmischen Geschwindigkeit, die ein

Teilchen erreichen muß, um der Schwerkraft der Erde zu entfliehen. Und das sind immerhin stolze 11,3 km/s. Dieser Wert gilt nicht nur für Raketen, sondern selbst für kleinste Moleküle. Und weil es selbst Atomen und Molekülen ohne Raketenantrieb nicht gelingt, diese kosmische Geschwindigkeit zu erreichen, bleibt uns die Erdatmosphäre erhalten.

Die Temperatur unserer Atmosphäre

Über das Jahr gemittelt hat die Erdoberfläche eine Durchschnittstemperatur von rund 15 Grad Celsius. Das ist dann natürlich auch die mittlere Lufttemperatur an der Erdoberfläche. Die Lufttemperatur der Atmosphäre nimmt pro einhundert Meter um 1 Grad Celsius ab, sofern es sich

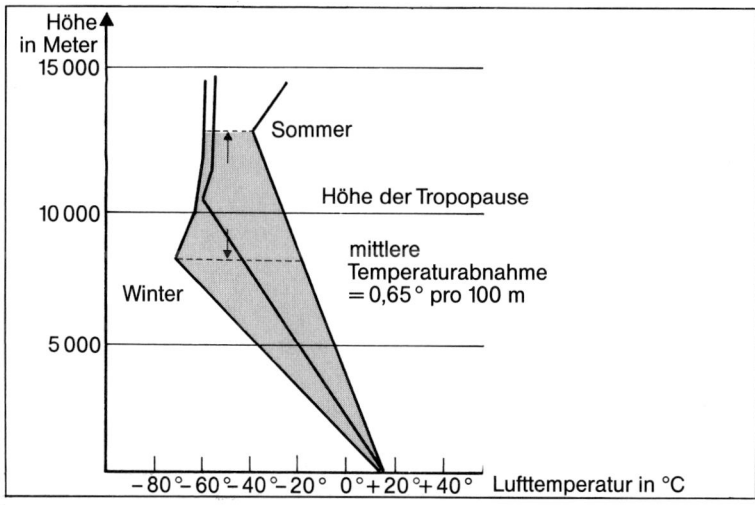

Die Temperatur der Normalatmosphäre
In ganz trockener Luft beträgt die Temperaturabnahme 1°C pro 100 m. In feuchter Luft dagegen 0,6°C pro 100 m. Der realistische Mittelwert beträgt 0,65°C pro 100 m, weil der Wassergehalt der Luft zwischen 0 und 4 % schwankt.

Die physikalischen Zusammenhänge des Luftdrucks

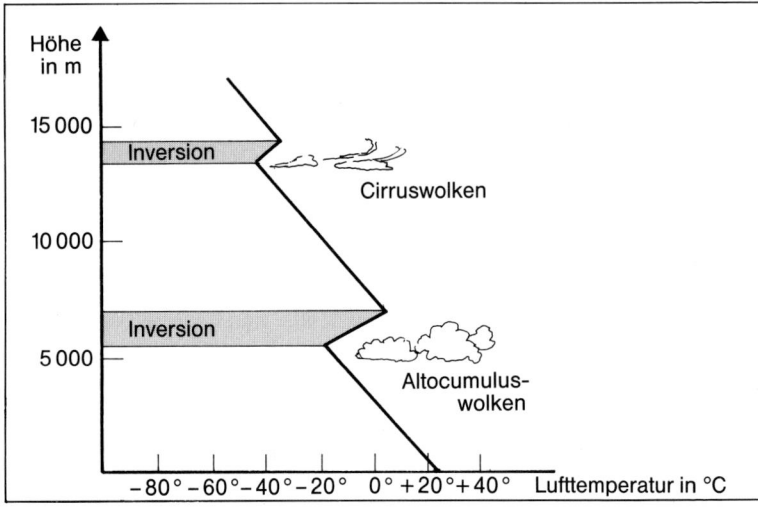

Wolken sind immer wärmer als die umgebende Luft. Bei Aufzugbewölkungen steigt die Temperatur also wieder an.

um trockene Luft handelt. Weiß man also die Außentemperatur beim Flug in den Urlaub, kann man theoretisch ausrechnen, wie hoch der Flieger ist und wie warm oder kalt es unten ist.

Nun, ganz so leicht hat die Atmosphäre es uns nun doch nicht gemacht, denn das vorher Gesagte gilt wohl, und auch exakt, aber leider nur für die sogenannte ungestörte Normalatmosphäre. Diese hat den Vorteil, daß man wirklich alle Parameter der Luft exakt berechnen kann. Der Nachteil ist aber, daß diese Normalatmosphäre in der Natur selten vorkommt. Die Normalatmosphäre wird immer und überall durch das gestört, was wir schlicht Wetter nennen.

Bereits Wolken bringen alle Berechnungen der Normalatmosphäre völlig durcheinander, denn sobald in der Luft Wassertröpfchen enthalten sind, beträgt die Abkühlungsrate pro einhundert Meter anstatt 1 Grad nur noch 0,6 Grad Celsius. Die Wolken sind also eine Wärmequelle, denn sie sind mindestens um 0,4 Grad wärmer als die umgebende Luft.

Die Temperatur unserer Atmosphäre

Bereits diese beiden unterschiedlichen Zahlenwerte erlauben es nicht, großzügig von unten nach oben oder auch umgekehrt zu rechnen, ohne zu wissen, ob Schichten mit Wolken dazwischen sind.

Das Gesetz von Gay-Lussac:

$$\frac{V_1}{V_0} = \frac{T_1}{T_0}$$

V_1 = Volumen der Luft bei Temperatur T_1
V_0 = Volumen der Luft bei Temperatur T_0

Diese Formel sagt aus, daß jede Volumenänderung direkt proportional zur Änderung der Temperatur verläuft. Pro Grad Temperaturänderung verändert sich das Volumen der Luft um $1/273$.

Was uns die Heißluftballons am Himmel demonstrieren, läuft täglich und überall beim Wetter ab. Ein Gas, zu dem die Luft natürlich zu zählen ist, dehnt sich bei Erwärmung aus und nimmt ein größeres Volumen ein. Bei Abkühlung schrumpft es entsprechend. Wenn sich die Luft also bei Erwärmung ausdehnt, um ein größeres Volumen auszufüllen, muß dabei ihre Dichte geringer werden. Das geht ganz genauso, als wenn im Farbtopf Wasser zugegeben werden muß, damit die letzte Wand auch noch Farbe abbekommt. Die Rechnung geht nur zum Teil auf, denn die Farbe wird immer dünner und deckt nicht mehr. Auch die erwärmte Luft hinterläßt deutliche Spuren in der Atmosphäre: Wenn eine kühle Luftmasse von einer wärmeren weggeschoben wird, zeigt das Barometer dies mit Druckfall an, denn warme Luft ist dünner und leichter als kalte Luft.

Die physikalischen Zusammenhänge des Luftdrucks

Die Wirkung der Corioliskraft

Da Luft genauso von der Schwerkraft der Erde beeinflußt wird wie beispielsweise Wasser, müßte sie sich doch auch genauso verhalten. Das heißt, sie müßte wie Wasser solange vom höheren zum tieferen Niveau fließen, bis sich alles auf gleichem Stand befände. So passiert es in allen Regenpfützen (Gradientkraft). Warum nicht auch bei unserer Luft?

Wenn es ausschließlich nach der Druckgradientkraft ginge, würde sich die Luft tatsächlich so verhalten. Daß sich die Luft aber nicht wie Wasser verhält, sieht man in jeder Wetterkarte. Die Luft weht nicht von Hoch zu Tief, sondern fast quer dazu, etwa entlang der Isobaren. Dieses Phänomen zu erklären, ohne gewichtige mathematische Formeln zu verwenden, ist eigentlich kaum möglich, denn wir haben es mit einer Kraft im Hintergrund zu tun, die es eigentlich gar nicht gibt. Sie kann nur wirken, solange – und wenn – ein Körper rotiert. Man nennt diese Kraft daher auch eine Scheinkraft. Sie ist die sogenannte „ablenkende Kraft der Erdrotation".

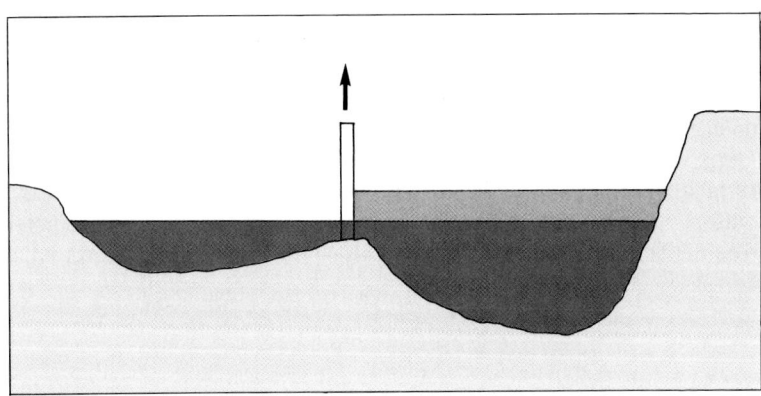

Die Wirkung der Druckgradientkraft
Wird der Sperrschieber zwischen den Wasserbecken gezogen, gleicht sich der Wasserstand augenblicklich an, bis ein einheitliches Niveau überall herrscht. So wirkt die Gradientkraft.

Die Wirkung der Corioliskraft

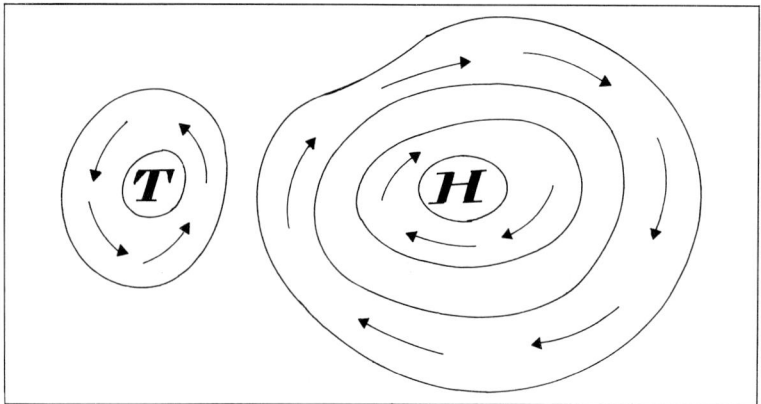

Die Wirkung der Corioliskraft

Nach ihrem Entdecker, dem Franzosen CORIOLIS, hat man diese skurrile Scheinkraft benannt, die in der Natur gewaltige Auswirkungen hat – und die sind nicht scheinbar, sondern ganz harte Realität. Die Corioliskraft wirkt auf der Erde auf alle Teilchen, die sich bewegen. Die vereinfachte Formel zeigt, daß die Corioliskraft zunimmt, wenn die Geschwindigkeit des Teilchens zunimmt.

Die Berechnung der Corioliskraft

Corioliskraft $= 2 \times V \times \omega \times \sin \varphi$

V = Windgeschwindigkeit
ω = Winkelgeschwindigkeit der Erde (= konstant)
φ = geographische Breite

Da ω und „2" konstant sind, kann also geschrieben werden:

Corioliskraft $\approx V \times \sin \varphi$

Eine theoretische Überlegung zeigt noch, daß die Wirkung der Corioliskraft um so deutlicher wird, je länger sie andauert.

Die physikalischen Zusammenhänge des Luftdrucks

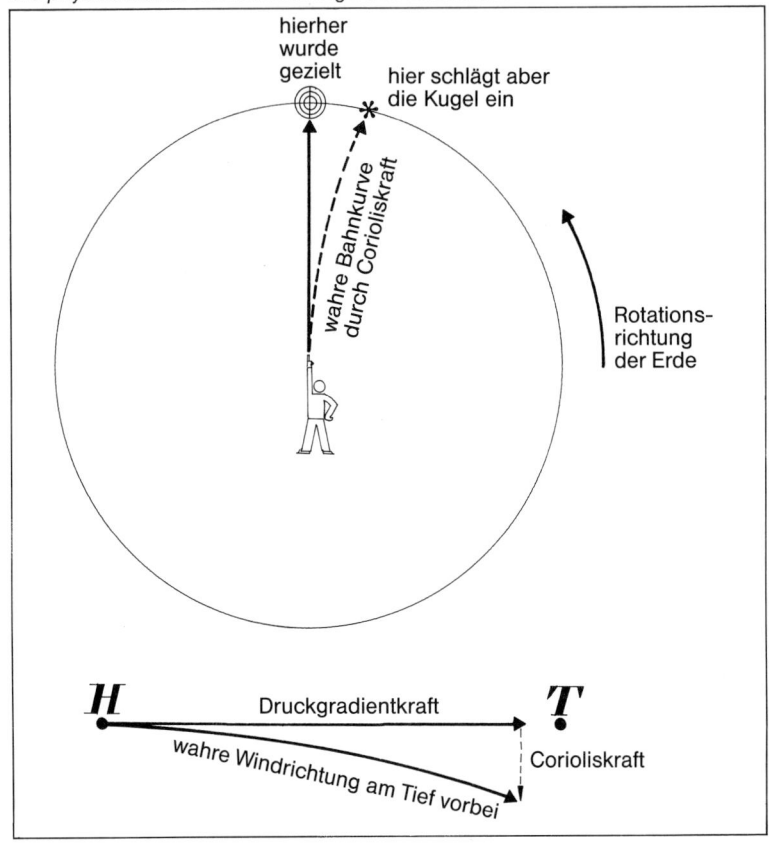

Die Corioliskraft lenkt alle bewegten Objekte nach rechts ab (Nordhalbkugel).

Übertragen auf Luftdruck und Wind bedeutet das folgendes: Neben der Druckgradientkraft, die ständig für den direkten Ausgleich zwischen Hoch und Tief sorgen will, wirkt gleichzeitig die Corioliskraft, die dafür sorgt, daß die Luftströmung eben nicht den direkten Weg nehmen kann, sondern ständig aus seiner Richtung nach rechts (Nordhalbkugel) abgelenkt wird. Das Ergebnis aus dem Zusammenspiel dieser beiden Kräfte ist durchaus unerwartet: Ein Luftpaket, das von einem Hoch zum benachbarten Tief strömen will, weil der Druckgradient die dazu nötige Kraft bereitstellt, wird dort niemals ankommen. Die Corioliskraft bewirkt, daß dieses Luftpaket auf ewige Zeiten um das Hoch herumfliegt.

Die Wirkung der Corioliskraft

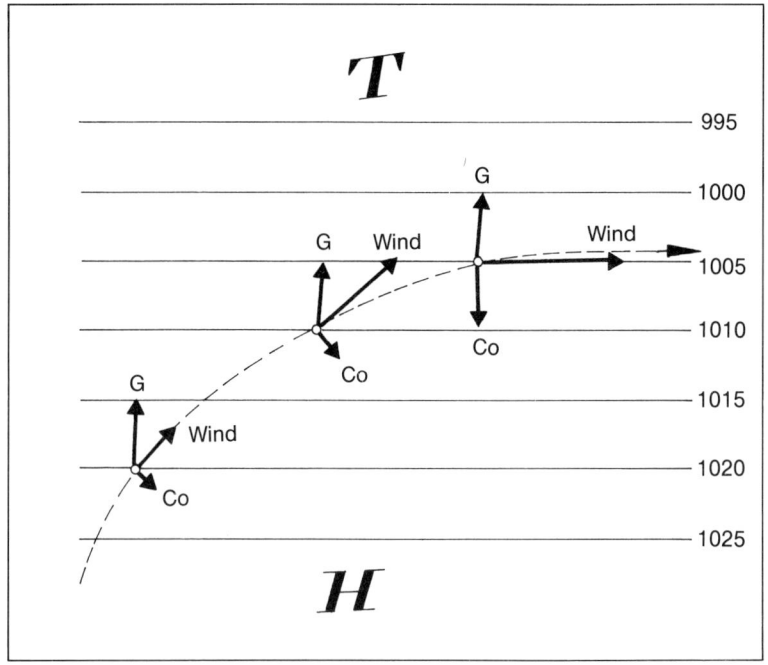

Das barische Windgesetz
Aus einem Luftdruckgefälle von Hoch nach Tief entsteht anfänglich der direkte Ausgleich durch den Druckgradient. Mit zunehmender Windgeschwindigkeit steigt aber auch die Corioliskraft, bis sie schließlich mit der Gradientkraft „balanciert" ist. Das Ergebnis: Der Wind weht parallel zu den Isobaren.

Solange also diese beiden Kräfte allein auf die Luft wirken – man sagt, sie wären „balanciert" –, kann sich niemals ein Tief auffüllen oder auch ein Hoch abbauen. Die Luft würde ständig bei irgend einer vorgegebenen Wetterlage entlang der Isobaren wehen, ohne daß sich an der Druckverteilung irgend etwas verändern könnte. Daß wir diese Verhältnisse nicht in der Natur vorfinden, verdanken wir der Reibung der Luft am Erdboden. Obwohl Luft sehr dünn ist, muß doch viel Energie von der Natur aufge-

Die physikalischen Zusammenhänge des Luftdrucks

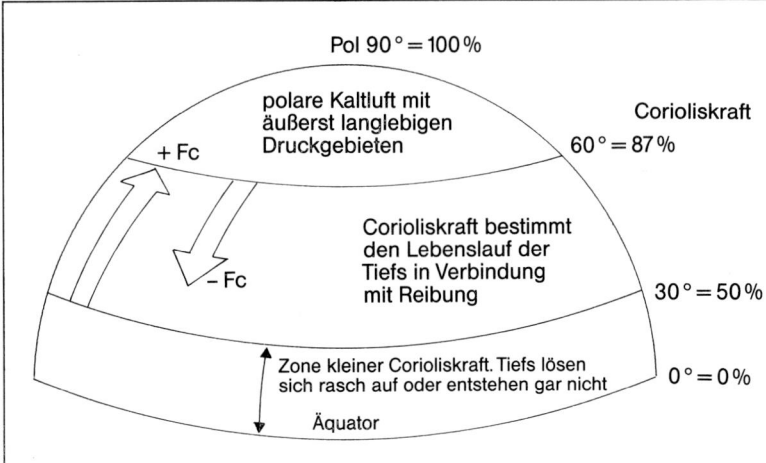

Die Corioliskraft bestimmt die Lebensdauer des Tiefs. Die Zone niederer Breiten ist die Heimat der Hurrikane. Sie benötigen keiner Corioliskraft zu ihrer Entstehung.

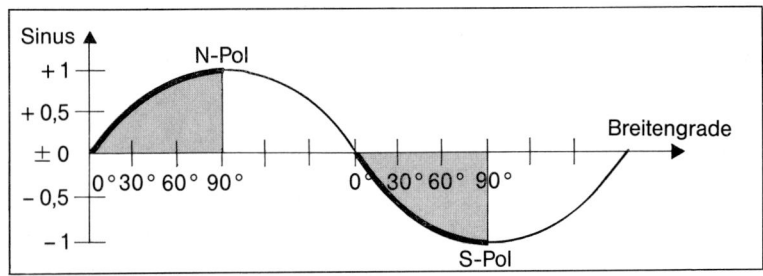

Die Sinusfunktion
Wenn die Sinusfunktion auf die geografische Breite der Erde angewandt wird, brauchen wir zur Berechnung nur zwei Teile der Kurve. Beide sind zahlenmäßig gleich, haben aber unterschiedliche Vorzeichen. Entsprechend wirkt die Corioliskraft auf der Nordhalbkugel entgegen der Richtung auf der Südhalbkugel.

bracht werden, um sie über die Erdoberfläche zu wehen. Man bedenke hier, daß es die vielen Kubikkilometer sind, die schließlich zu den ungeheuren Luftmassen in der Größenordnung von Milliarden Tonnen führen. Die Energiequelle, die die Luftmassen bewegt, ist eindeutig die Druckgradientkraft. Die Reibung, die man auch als eine Gegenkraft ansehen kann, zehrt einen Teil der Gradientkraft auf und verändert damit die Balance zwischen Druckgradientkraft und der Corioliskraft.

Schauen wir noch einmal die Formel für die Corioliskraft an:
Der Sinus der geographischen Breite geht ganz entscheidend mit in die Stärke der Corioliskraft ein. Ein Blick auf die Sinusfunktion verschafft uns schnell Klarheit. Bei null Grad ist auch der Sinuswert Null. Das bedeutet, daß natürlich die ganze Gleichung zu Null geht – es ist keine Corioliskraft vorhanden. Am Äquator und in seiner näheren Umgebung ist die Coriolis-

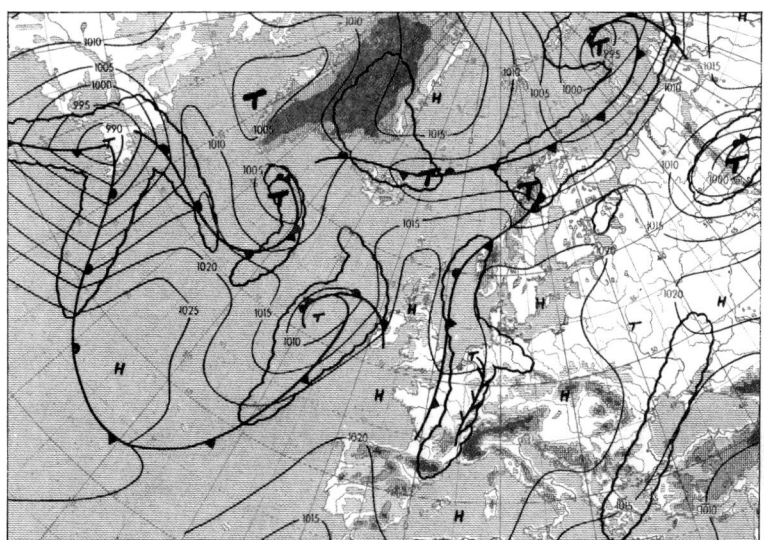

Als Folge des Wirkens der Corioliskraft „tummeln" sich über nördlichen Breiten immer viele Tiefs.

kraft Null beziehungsweise gering. Das bedeutet, daß sich hier lediglich die Gradientkraft und die Reibungskraft balancieren. Die Folge ist: Es gibt so gut wie keine großen Druckunterschiede am Äquator. Würden sie irgendwie entstehen, würde die Gradientkraft für einen sofortigen Ausgleich sorgen, lediglich im Tempo etwas durch die Reibungskraft gebremst.
Am Äquator kann es also auch keine Tiefdruckgebiete geben.
An den Polen dagegen ist die Corioliskraft auf ihrem Maximalwert. Das bedeutet, daß dort die Tiefs und Hochs besonders langlebig sind. Tiefs, die in der Weststörmung nach Europa ziehen, drehen oft nordwärts ein. Die Folge ist, daß sie Corioliskraft „gewinnen" und so sehr lange leben.

Die Wirkung der Zentrifugalkraft

Die Zentrifugalkraft, nennen wir sie die „Kraft aus der Rotation", ist ebenfalls eine Scheinkraft, genau wie die Corioliskraft, denn sie existiert nur, wenn ein Körper rotiert. Jedem von uns ist sie aus dem täglichen Leben vertraut. Wer zum Beispiel im Regen mit dem Fahrrad fährt, sieht ihre Wirkung direkt, indem von den rollenden Reifen das Wasser weggeschleudert wird. Dasselbe passiert natürlich mit der Luft der rotierenden Erde, nur ist das Ergebnis nicht identisch, weil noch andere Kräfte mitwirken, die es beim Reifen nicht gibt. Es wäre auch fatal für alles Leben auf der Erde, wenn nur die Zentrifugalkraft auf die Luft wirken würde. Das Ergebnis dieser Einseitigkeit wäre, daß die komplette Lufthülle wie ein Wulst um den Äquator angeordnet wäre. Der Rest der Erde hätte keine Luft. Und ohne den Einfluß der Schwerkraft würde gar die ganze Lufthülle in den Weltraum geschleudert.
Die Zentrifugalkraft ist ebenfalls von der geographischen Breite abhängig. Wer am Äquator steht, muß in 24 Stunden runde 40 000 Kilometer zurücklegen. Wer hingegen am Pol stünde, brauchte überhaupt keine Strecke zu machen, sondern es reichte aus, sich um die eigene Achse zu drehen – schön langsam natürlich, denn auch dafür wäre 24 Stunden Zeit. Von Zentrifugalkraft ist in diesem Falle sicher nichts zu

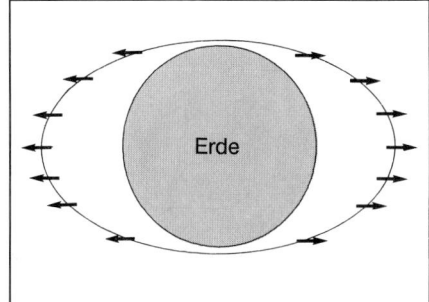

*Die Wirkung der Zentrifugalkraft
Wenn die Zentrifugalkraft mit der
Gravitationskraft allein wäre,
hätten wir an den Polen kaum
Luftdruck, am Äquator dagegen
einen immens hohen.*

spüren, wogegen der Mitspieler am Äquator die größtmögliche Schleuderkraft zu spüren bekommt.

Erfreulicherweise ist die Zentrifugalkraft der Erde recht klein. Das liegt daran, daß die Erde eben nur einmal am Tag um ihre eigene Achse rotiert. Die daraus resultierenden Schleuderkräfte sind etwa dreihundertmal geringer als die der Corioliskraft. Wir können also bei Betrachtungen zu Wind und Wetter die Zentrifugalkraft getrost vernachlässigen, ohne einen Fehler zu machen. Wer sich jedoch mit der Struktur von Hurrikanes und Tornados beschäftigen will, hat mehr mit dieser Kraft zu tun.

Die Wirkung der Reibung

Gleich zu Beginn sei hierzu gesagt, daß die Reibung nicht nur die Bewegung der Luft bremst, sondern auch die Richtung der strömenden Luft verändert, also in Windstärke und Windrichtung eingreift. Die Richtungsänderung des Windes können wir täglich sehen, wenn wir die Zugrichtung der Wolken mit der Strömungsrichtung des Bodenwindes vergleichen. Die tiefen Wolken ziehen bereits in einem deutlichen Winkel nach rechts gegenüber dem Bodenwind. Zeigt der Windmesser Westwind an, so wehen die Wolken aus Westnordwest – denn etwa 30 Grad macht die Richtungsänderung durch Reibung aus, wenn wir uns auf dem Festland aufhalten.

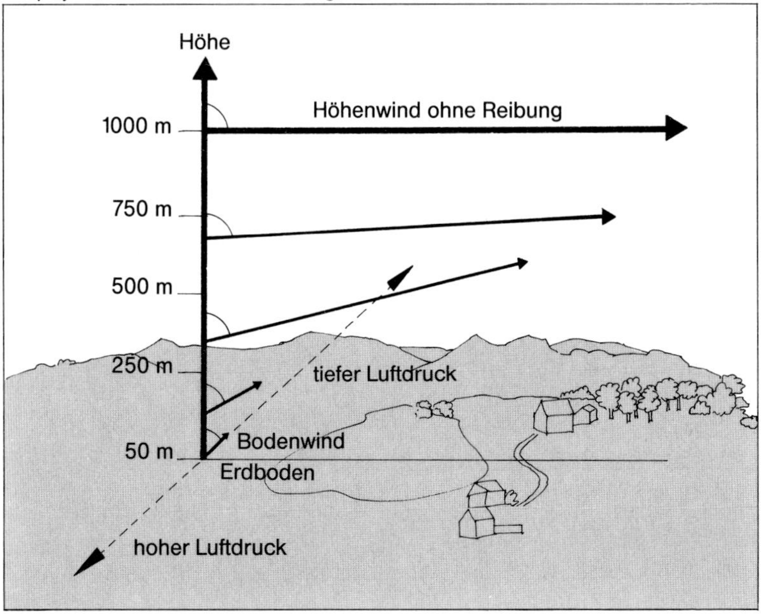

Die physikalischen Zusammenhänge des Luftdrucks

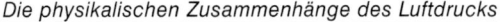

Reibung verzehrt Windenergie
Je größer die Reibung der Luft an der Erdoberfläche ist, desto größer ist der Winkel zwischen dem Wind in Bodennähe und in der reibungsfreien Atmosphäre. (Land: 30°–45°; See: 0°–10°)

Je glatter die Erdoberfläche, desto geringer ist die Reibung der Luft am Boden — natürlich gilt das auch umgekehrt. So kommt es zu unterschiedlichen Ablenkungswinkeln des Windes durch Reibung. Außerdem wirkt die Reibung nur bodennah und nimmt mit zunehmender Höhe ganz ab. Deshalb haben die mittelhohen und hohen Wolken teils ganz andere Zugrichtungen als die tiefen Wolken.

Da die Reibung die Luftbewegung hemmt, muß sie in der Pfeildarstellung der Bewegungsrichtung entgegenstehen. Man nennt dies auch Vektordiagramm.

Nehmen wir einmal einen beliebigen Ausschnitt aus einer Wetterkarte mit einigen Isobaren zwischen hohem und tieferem Luftdruck. Der Wind weht fast parallel zu den Isobaren, mit einem kleinen Winkel in Richtung zum tieferen Luftdruck. Diese Beobachtung können wir immer und überall auf der Welt machen. Aber welche Kräfte sind es, die das bewirken, und wie wirken sie?

Die Wirkung der Reibung

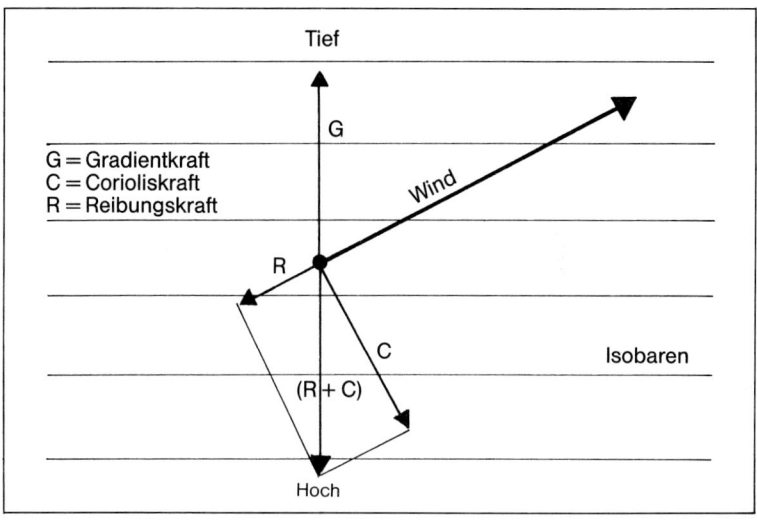

Die Gesamtwirkung aller Kräfte auf die Luft
Die Gradientkraft wird von der Summe aus Corioliskraft und Reibungskraft neutralisiert. Der Abstand der Isobaren spielt hierbei keine Rolle. Der Winkel des Windes in das Tief hinein ist nur abhängig von der Reibungskraft und der Corioliskraft.
Die Beziehung heißt Barisches Windgesetz. Es ist von dem holländischen Admiral Buys-Ballot entdeckt worden. Die praktische Wetterregel daraus lautet:
„Stellt man sich mit dem Rücken zum Wind, so hat man den tiefen Druck links voraus und den höchsten rechts achteraus."

Alle beteiligten Kräfte beeinflussen sich gegenseitig. Das bedeutet, daß sie sich entweder gegenseitig aufheben oder vektoriell so addieren, daß als Ergebnis die bekannte Windrichtung und -geschwindigkeit herauskommen.

Auf der einen Seite haben wir: – die Druckgradientkraft
Auf der anderen Seite wirken: – die Corioliskraft
                                       – die Reibungskraft

Die vektorielle Summe beider Seiten ist immer der tatsächliche Wind.

13 typische Wetterlagen in Europa mit ihren Barometerkurven

Beständiges Hochdruckwetter

Die Wetterlage

Ein umfangreiches Hoch liegt über Skandinavien und der Nordsee. Im Norden dominiert eine trockene Oststömung, wogegen der ganze Süden Europas im Grenzbereich zwischen der trockenen Festlandsluft und der feucht-warmen Mittelmeerluft liegt.
Folge:
Wunderschönes Sommerwetter im Norden, im Süden dagegen Schwüle mit häufigen und heftigen Gewittern. Damit verbunden sind auch starke Regenfälle, die besonders über Norditalien, der Ostküste von Spanien und im Voralpenland auftreten.

Das Wetter auf den Revieren

Ostsee: Auf der freien See gleichmäßiger Wind, Stärke 2–3, zwischen den Inseln Flaute, ebenso in den Förden. Nachts Flaute.

Nordsee: Flaute oder bis Bft 2, spiegelblanke See, deshalb äußerst schwierige Navigation durch die Diesigkeit und die Spiegelungen. Horizontverlust (Himmel und See verschmelzen).

IJsselmeer: Flaute mit Morgennebel, auch tagsüber äußerst schlechte Sicht. Ebenfalls Gefahr von Horizontverlust.

Binnenseen: Erst am späten Vormittag setzt eine ganz leichte Brise ein, die aber am frühen Nachmittag bereits wieder in Flaute übergeht.

Beständiges Hochdruckwetter

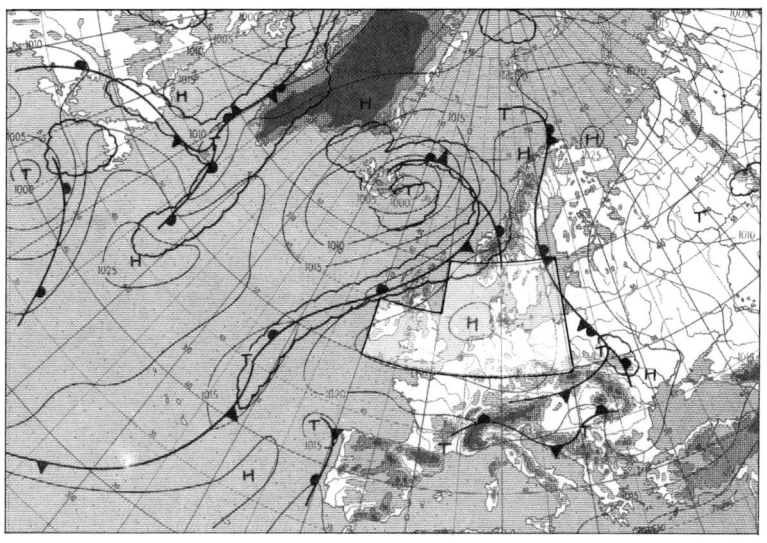

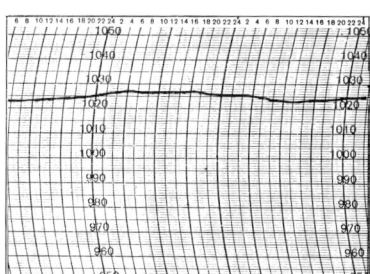

So verhält sich der Luftdruck, wenn anhaltend schönes Wetter von Skandinavien kommt.

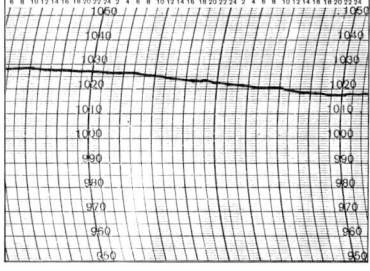

So verhält sich der Luftdruck, wenn die länger anhaltende Hochdrucklage zu Ende geht.

13 typische Wetterlagen in Europa

Meteorologische Hinweise

Andauer der Wetterlage:
Sehr beständig für mindestens 4 Tage. Besteht sie dann noch ungeschwächt, bleibt sie wahrscheinlich noch 4 Tage. Regel: Je länger diese Wetterlage anhält, desto größer wird die Wahrscheinlichkeit, daß sie *noch* länger anhält.

Nachfolgender Wettertyp:
Gewitter über ganz Deutschland. Der leicht fallende Luftdruck, der das nahende Ende der Schönwetterperiode anzeigt, kündigt also zugleich den neuen Wettertyp an: feuchtwarme Mittelmeerluft mit eingelagerten Gewittern.

Häufigstes Auftreten:
Mai, Juni, September, Oktober.

Der typische Wetterablauf

Wind: Nach Morgenflaute zunehmend auf Bft 2–3, nachmittags wieder abflauend, nachts Flaute.

Sicht: Nachts und morgens gut, aber tagsüber diesig, zeitweise schlecht.

Wolken: Morgens meist wolkenlos, tagsüber einzelne Cirruswolken. An den ersten Tagen des Luftdruckanstieges noch zahlreiche Bildung von Cumuluswolken über mittag.

Besonderheiten:
Vorsicht, an der ganzen Ostseeküste besteht immer Gefahr von Starkwind, Bft 6, durch die Leitblechwirkung der Küste. Dies wird nie im Wetterbericht erwähnt, obwohl es den ganzen Tag fegt, und das in einem Streifen von 5 bis 10 Seemeilen parallel zur Küste. Die übrige See ist ruhig.

Eine Warmfront zieht auf

Die Wetterlage

Über Mittel- und Südeuropa liegt ein mächtiges Hochdruckgebiet, das dem Binnenland und den Mittelmeerländern wunderschönes, heißes Sommerwetter bringt. Die Seereviere um Nord- und Ostsee werden dagegen nur zeitweilig in den Genuß des Hochdruckeinflusses kommen, denn vom Atlantik ziehen Wetterfronten über diese Regionen ostwärts. Den ersten Hinweis auf eine vorübergehende Abkühlung bringt eine Warmfront. Dieser scheinbare Widerspruch löst sich ganz schnell auf: Warmfronten sind im Hochsommer kaum wetteraktiv, da es ja bereits sehr warm ist. Nur auf dem Druckschreiber und am Wolkenhimmel kann man den Durchzug einer Warmfront deutlich sehen. Wozu sie denn dann überhaupt beachten, mag man fragen. Die Antwort ist ganz einfach: Die Warmfront ist zwar versteckt und harmlos, aber die nahezu immer nachfolgende Kaltfront schlägt derbe zu, und davor werden wir gewarnt.

Das Wetter auf den Revieren

Ostsee: In Frontnähe leichte Rückdrehung des Windes mit anschließendem Ausschießen auf Südwest. Keine Veränderung der Windstärke. Nur leichte Bewölkungszunahme für eine kurze Periode.

Nordsee: Bereits am Vortag schon deutlicher Aufzug von Cirruswolken. In Frontnähe viel Altocumulus, etwas Altostratus möglich. Deutliches Rückdrehen des Windes mit leichter Zunahme der Stärke. Sichtverschlechterung, bis die Front durch ist. Leichter Nieselregen bei Altostratus.

IJsselmeer: Wie Nordsee.

Binnenseen: Das Hochdruckwetter wird nur von Cirrusfeldern gestört, sonst unverändertes Sommerwetter.

13 typische Wetterlagen in Europa

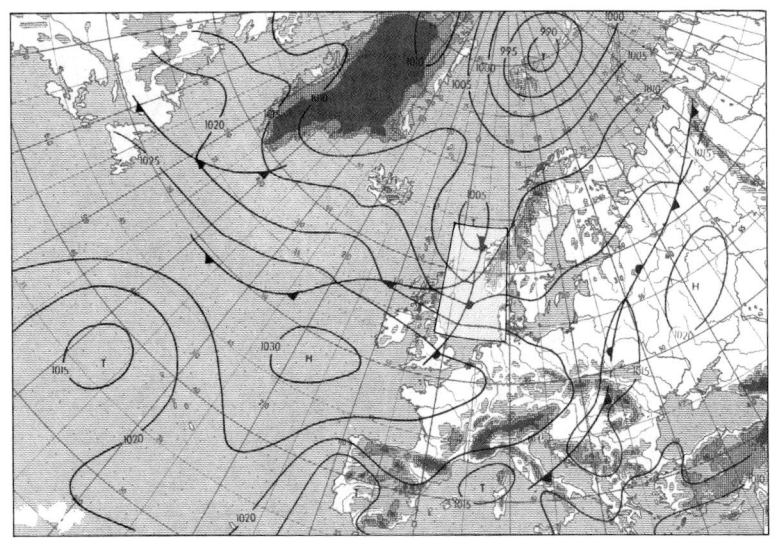

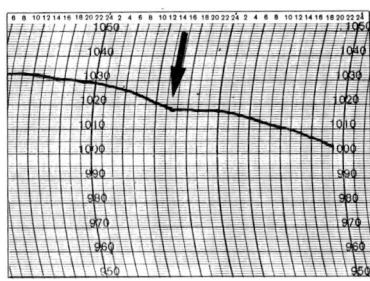

So verhält sich der Luftdruck bei Annäherung einer Warmfront, die keine Wetteraktivität hat.

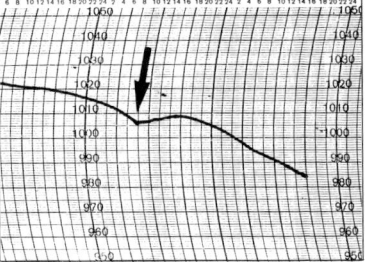

So verhält sich der Luftdruck bei Annäherung einer Warmfront, die starke Wetteraktivität hat.

Eine Warmfront zieht auf

Meteorologische Hinweise

Andauer der Wetterlage:
10 bis 20 Stunden vor Frontpassage ist der Aufzug zu sehen, falls es bereits nieselt, nur für ein paar Stunden.
Hinter der Warmfront spätestens wieder aufgelockerte Bewölkung und beständiger Wind.

Nachfolgender Wettertyp:
Beständiger Segelwind, bei guter Sicht und Sonnenschein für mindestens weitere 10 Stunden. Danach verdichtet sich die Bewölkung, und eine Kaltfront bringt vorübergehend schlechtes Wetter durch Abkühlung, Regen und Wind.

Häufigstes Auftreten:
Schwache Warmfronten: Juli, August, September.
Aktive Warmfronten: April, Mai, Juni, Oktober, Wintermonate.

Der typische Wetterablauf

Wind: Nur leichte Richtungsänderung.
Sicht: Kaum Veränderung.
Wolken: Aufzug von Cirruswolken, die eine leichte Ausrichtung auf den Höhenwind erkennen lassen.

Besonderheiten:
Leider werden Warmfronten fast niemals in den amtlichen Wetterberichten erwähnt, da sie selbst wenig direkte Wetteraktivität bringen.

13 typische Wetterlagen in Europa

Eine Kaltfront zieht durch

Die Wetterlage

Sommerliches Hochdruckwetter verwöhnt viele Tage lang die Urlauber, der tägliche Wetterbericht gibt nichts her, alles bleibt stabil.
Anhaltend gutes Wetter erhalten wir immer Sommer häufig von einem Hoch über den Britischen Inseln, das sich über ganz Deutschland und die Nordsee erstreckt.
Oft wird aber diese Sommerfreude durch eine Kaltfront gestört, die von weit aus dem hohen Norden bis zu den Alpen zieht. In den Wetterberichten wird solchen Kaltfronten nicht sehr viel Aufmerksamkeit geschenkt, weil sie sowohl über der Nordsee als auch im norddeutschen Küstenland kaum Wetteraktivität zeigen. Man spricht hier lapidar vom „Durchzug eines Wolkenfeldes". Auf dem Weg nach Süden aber verwandeln sich solche anfangs harmlosen Kaltfronten in wahre Unholde – über Süddeutschland toben aus den anfänglichen Wolkenfeldern heftige Unwetter.

Das Wetter auf den Revieren

Ostsee: Bei Frontpassage einzelne Gewitter mit Schauern, wenig Wind, Gefahr von Wasserhosen aus Gewitterwolken. Nach 1 bis 2 Stunden ist das schöne Sommerwetter wieder da.

Nordsee: Wie Ostsee.

IJsselmeer: Zum Teil starke Gewitter mit Sturmböen, die wie aus heiterem Himmel einfallen. Wolken und Barometer überwachen. Im Hochsommer Gefahr von Böenwalzen, die den Gewittern der Kaltfront vorauseilen.

Binnenseen: Gewitterwolken wachsen in Minuten an, und der Wind erreicht volle Sturmstärke. Alles beginnt aus hohen Wolkenfeldern, die harmlos aussehen. Nach einer Stunde ist der Zauber vorbei.

Eine Kaltfront zieht durch

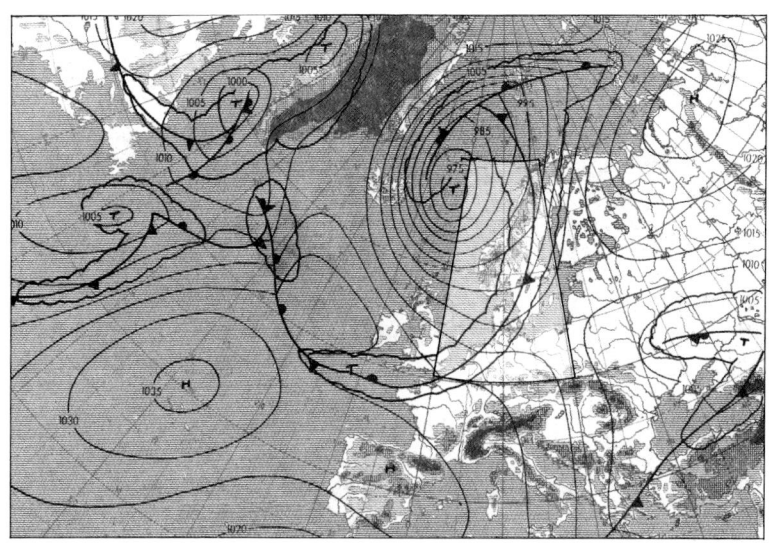

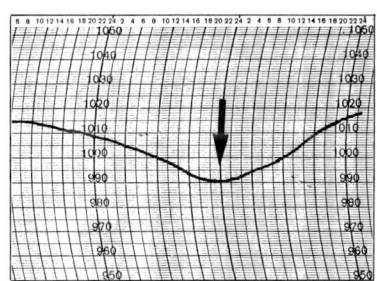

So verhält sich der Luftdruck bei Annäherung einer Kaltfront, die wenig Wetteraktivität hat.

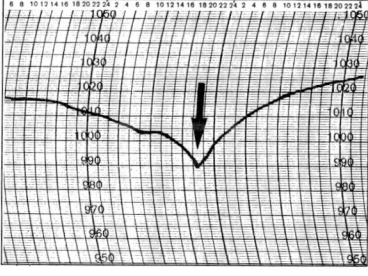

So verhält sich der Luftdruck bei Annäherung einer Kaltfront, die heftige Wetteraktivität zeigt.

13 typische Wetterlagen in Europa

Meteorologische Hinweise

Andauer der Wetterlage:
Wenn die Gewitterwolken zu quellen beginnen, ist im Höchstfall noch eine Stunde Zeit, fransen die hochaufgeschossenen Gewitterwolken bereits oben aus, sind es nur noch Minuten, bis die Sturmböen da sind. Beachte: Immer kommen die Sturmböen zuerst, danach steht die Wolke über einem, und der Regen setzt ein. Nach dem Regen herrscht wieder Ruhe.

Nachfolgender Typ:
Das beständige Hochdruckwetter stellt sich wieder ein und wird noch einige Tage anhalten. Dann kommt wieder eine Kaltfront von Norden, sie ist aber weniger aktiv.

Häufigstes Auftreten:
Juli, August, September.

Der typische Wetterablauf

Wind: Norden – schwach. Süden – Sturmböen.
Sicht: Allgemein mäßig in Frontnähe.
Wolken: Zuerst nur Cirrocumulus, dann auch Altocumulus dabei, in der Front wachsen dann rasch Cumulonimbuswolken und stoßen durch alle Stockwerke aufwärts.

Besonderheiten:
Amtliche Wetterberichte kommen mit Warnungen regelmäßig zu spät – also wachsam sein.

Hochdrucksturm

Die Wetterlage

Ein Hoch liegt über den Britischen Inseln fest und bringt seit vielen Tagen für ganz Mitteleuropa allerfeinstes Sommerwetter. Wenig Wolken, viel Sonne und leichte Nordwest- bis Nordwinde. Störende Tiefdruckgebiete werden von diesem riesigen Hoch abgeblockt und weit nach Norden umgeleitet. Nun kommt es aber immer mal wieder vor, daß eines dieser nach Nordskandinavien umgeleiteten Tiefs seine Bahn eigensinnig modifiziert und nicht nach Finnland oder Richtung Ural zieht, sondern scharf rechts abbiegt und so Südschweden erreicht. Eigentlich wäre solch ein Tief dran, an Altersschwäche zu sterben, aber über Schweden reaktiviert es sich rasch und wird zu einem zähen und ortsfesten Gebilde, das nun über viele Tage mit dem britischen Hoch im Widerstreit liegt.

Eine andere Entwicklung mit dem selben Ergebnis beginnt auf dem Balkan. Von dort heraufziehende Tiefs können sich durchaus gegen das skandinavische Hoch festsetzen. Ihr Kern wandert dazu nach Polen. Das Ergebnis ist ebenfalls ein Hochdrucksturm (aus Ost) für die Ostsee.

Das Wetter auf den Revieren

Ostsee: Westlich von Bornholm haben alle Seegebiete bis hin zur Nordsee wolkenlosen Himmel, ausgenommen einige wenige Cirren. Skagerrak bringt schwierige Windverhältnisse: Flaute oder leichte Küselwinde aus häufig wechselnden Richtungen, übrige Seegebiete haben Starkwind bis volle Sturmstärke (tagelang).

Nordsee: Richtung England/Holland ist schwacher Nordwind zu erwarten, zur Deutschen Bucht hin und entlang der Küste von Schleswig-Holstein und Jütland weht eine steife Brise – alles aber bei wolkenarmem Himmel.

IJsselmeer: Schwachwindig, sonnig.

Binnenseen: Ungestörtes Hochsommerwetter, das Tief über Schweden bringt keinen Einfluß. Ausnahme: siehe bei „Eine Kaltfront zieht durch".

13 typische Wetterlagen in Europa

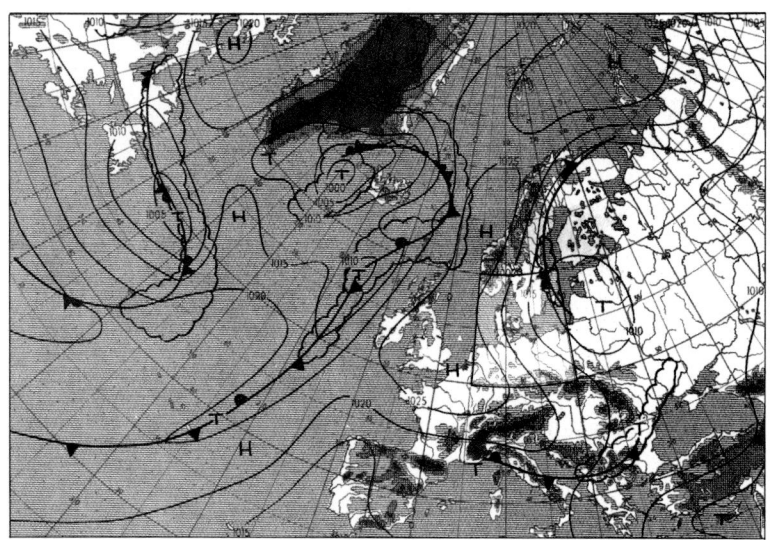

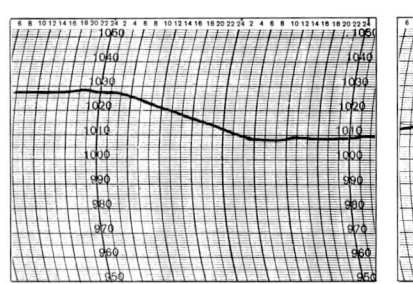

So verhält sich der Luftdruck, wenn sich ein Hochdrucksturm entwickelt (Hochzentrum über den Britischen Inseln).

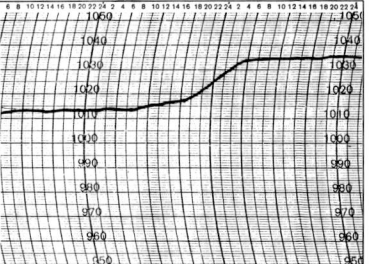

So verhält sich der Luftdruck, wenn sich ein Hochdrucksturm entwickelt (Hochzentrum über Skandinavien).

Hochdrucksturm

Meteorologische Hinweise

Andauer der Wetterlage:
Mindestens für zwei Tage, wahrscheinlicher aber für 4 bis 5 Tage.

Nachfolgender Wettertyp:
Nach Abflauen des Hochdrucksturmes stellt sich anfangs wieder ungestörtes Hochdruckwetter ein. Das Hoch bei den Britischen Inseln wird aber ziemlich rasch vom Atlantik her abgebaut, so daß sich dann eine wechselhafte Westlage einstellt.

Häufigstes Auftreten:
August bis Oktober.

Der typische Wetterablauf

Wind: Fast unmerklich aber beständig zunehmend, bis zu Bft 10 ist möglich. Sehr beständig in der Stärke, keine Böen, nachts nicht abflauend.
Sicht: Super.
Wolken: Nur einzelne Cirren.

13 typische Wetterlagen in Europa

Seegewitter

Die Wetterlage

Die Seegebiete von Nord- und Ostsee weisen sommerliche Wassertemperaturen auf, und das Wetter wird von Hochdruck bestimmt. Wenn bei dieser Konstellation nun eine Kaltfront durchzieht, äußert sich dies zunächst nur mit einer vielleicht sogar willkommenen leichten Abkühlung. Tagsüber bringt die Polarluft einzelne Schauer, aber keine Gewitter. Diese treten dann in der zweiten Nachthälfte auf – die Wassertemperatur, die überhaupt keinen Tagesgang hat, stellt gegenüber den höheren Luftschichten eine Wärmequelle dar, da die Luft sich nachts doch erheblich abkühlt. Der Temperaturunterschied zwischen dem Wasser und den höheren Luftschichten ist nun in der zweiten Nachthälfte am größten. Jetzt entwickeln sich aus dieser unstabilen Temperaturverteilung die nächtlichen Seegewitter.

Das Wetter auf den Revieren

Ostsee: Tagsüber ruhiges Sommerwetter mit leichten Winden, nachts meist Flaute. Ab Mitternacht quellen die Wolken besonders stark aufwärts, zahlreiche Gewitter treten bis Sonnenaufgang auf, sie sind nur selten mit Regen verbunden, wenig Windzunahme.
Nordsee: Wie Ostsee.
IJsselmeer: Die Seegewitter sind von der Nordsee her wohl zu sehen und zu hören, sie wirken sich aber nicht mehr auf dem IJsselmeer aus.
Binnenseen: Hier gibt es keine Seegewitter.

Seegewitter

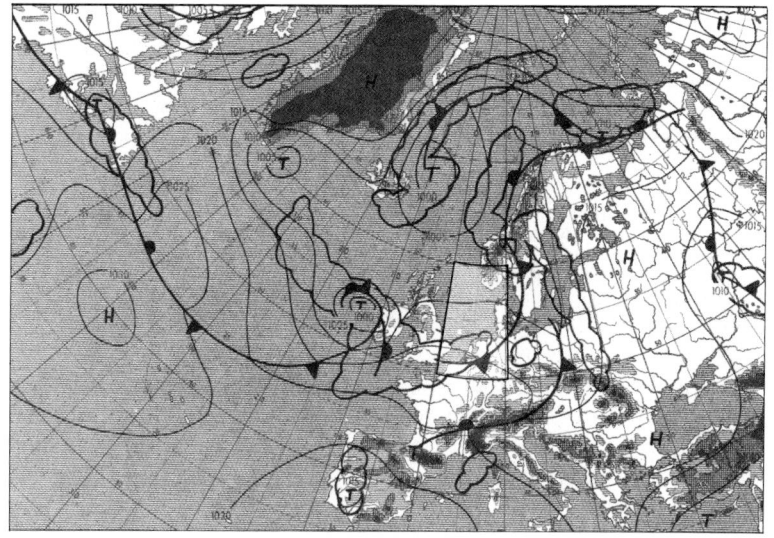

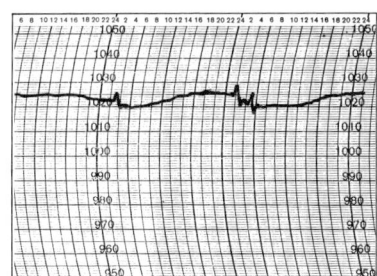

So verhält sich der Luftdruck, wenn
Seegewitter auftreten.

Meteorologische Hinweise

Andauer der Wetterlage:
Meistens nur eine Nacht.

13 typische Wetterlagen in Europa

Nachfolgender Wettertyp:
Der langsam ansteigende Luftdruck zeigt bereits an, daß sich eine Hochdruckwetterlage einstellen wird, wie sie vor dem Durchzug der Kaltfront bereits bestanden hatte. Dieses Wechselspiel kann sich zwei- bis dreimal wiederholen, bis sich dann eine Westlage einstellt.

Häufigstes Auftreten:
Juli bis September.

Der typische Wetterablauf

Wind: Schwachwindig, im Gewitter höchstens eine leichte Brise.
Sicht: Gut, auch im Gewitter.
Wolken: Am Tag vor den Seegewittern dominieren Schönwetterwolken, also kleine Cumuluswolken, Cirrus. Zur Nacht entwickeln sich bereits Altocumulus und Cirrocumulus, später wachsen dann Cumuluswolken mächtig aufwärts und bilden die Gewitterwolken.

Besonderheiten:
An der Küste und über Inseln treten Gewitter bevorzugt am Nachmittag auf und dauern bis zur Nacht an. Wer also eine längere Fahrt in Küstennähe plant, sollte diese Wetterlage meiden, denn so kann man es „schaffen", mehrere Tage nicht aus Gewittern herauszukommen.

Ein Trog bringt schlechtes Wetter

Die Wetterlage

Der Durchzug einer Kaltfront ist vom Wetterbericht angekündigt, und nach dem schlechten Wetter in der Front soll es programmgemäß wieder besser werden. Anfangs geht auch alles wie erwartet. Die Kaltfront zieht durch, und der Luftdruck beginnt bei gleichzeitiger leichter Wetterbesserung zu steigen. Dann aber überrascht eine erneute Wetterverschlech-

Ein Trog bringt schlechtes Wetter

terung, die scheinbar aus dem Nichts zuschlägt und erheblich heftigeres Unwetter bringt als in der schon unangenehmen Kaltfront.
Ein Schlechtwettertrog hat sich hinter der Kaltfront gebildet.

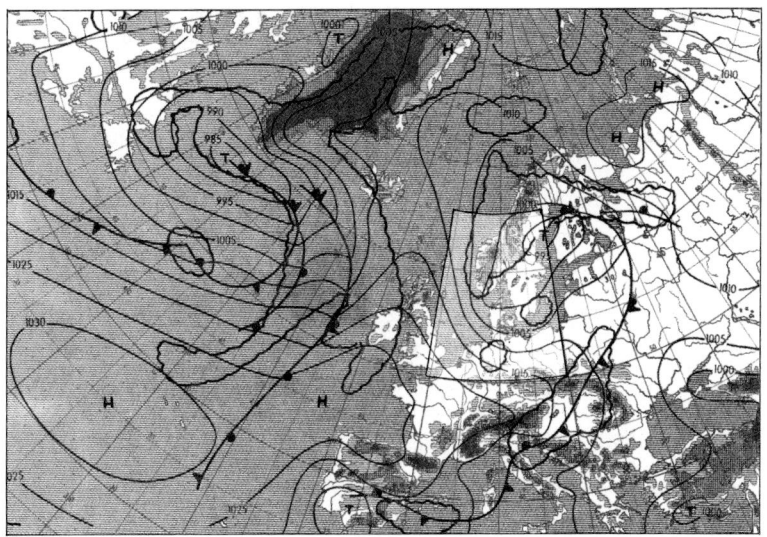

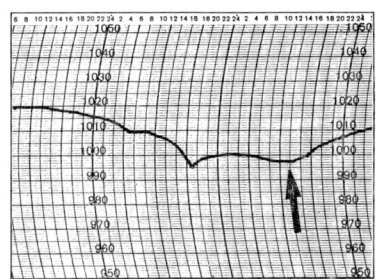

So verhält sich der Luftdruck, wenn sich ein Trog enwickelt.

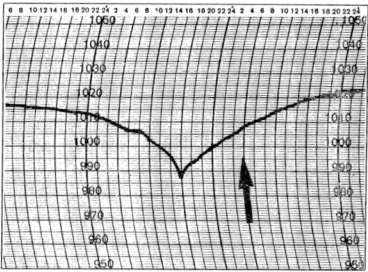

So verhält sich der Luftdruck, wenn sich kein Trog entwickelt.

13 typische Wetterlagen in Europa

Das Wetter auf den Revieren

Ostsee: Windzunahme auf Bft 7−8 für etwa 6 bis 8 Stunden, dabei sehr schlechte Sicht durch Düsterheit und viel Regen.

Nordsee: Windzunahme auf Bft 8−9 für etwa 10 bis 12 Stunden, ebenfalls sehr schlechte Sicht. Hauptproblem für Yachten ist jedoch der Seegang, der durch „Tidenstrom gegen Wind" alle Yachten in große Gefahr bringt.

IJsselmeer: Windzunahme wie auf der Nordsee, dabei extrem schlechte Sicht.

Binnenseen: Starkwind, der einen ganzen Tag anhalten kann, sehr böig.

Meteorologische Hinweise

Andauer der Wetterlage:
Sogenannte kurzwellige Tröge, die für den Sommer typisch sind, dauern etwa 6 bis 12 Stunden, sind also in jedem Falle am nächsten Tag vorbei. Die langwelligen Tröge können schon einige Tage wirken, sind aber mehr für Frühjahrs- und Herbststürme typisch.

Nachfolgender Wettertyp:
Bedingt durch massiven Druckanstieg hinter dem Trog bildet sich eine stabile Wetterlage mit wenig Wind aus, die mindestens zwei Tage anhält.

Häufigstes Auftreten:
Juli, August, November bis April.

Der typische Wetterablauf

Wind: Ungeheuer rasche Zunahme der Windstärke, sobald der Luftdruck wieder zu fallen beginnt. Extreme Böigkeit. Wenn die Windrichtung später auf nördliche Richtung dreht, ist der Spuk bald vorbei.

Sicht: Bei wenig Licht wegen der düsteren Wolken peitscht der Regen waagerecht durch die Luft, daher nahezu Nullsicht. Hört der Regen auf, ist der Trog durch.

Wolken: Unter einer gleichmäßig schwarzen Wolkendecke, die den ganzen Himmel verdeckt, fliegen noch Fetzen von Schlechtwetterwolken.

Besonderheiten:
Tröge werden meistens zu spät von den Wetterämtern erkannt.

Das gute Rückseitenwetter

Die Wetterlage

Der Durchzug einer Kaltfront ist angesagt, aber die damit verbundene Wetterverschlechterung soll nur vorübergehend sein. Wenn die Front richtig durchgezogen ist, soll sich das Wetter stabilisieren. Es soll sich also eine sogenannte „gute Rückseite" entwickeln. Das gute Wetter auf der Rückseite einer abziehenden Kaltfront hält fast immer länger als

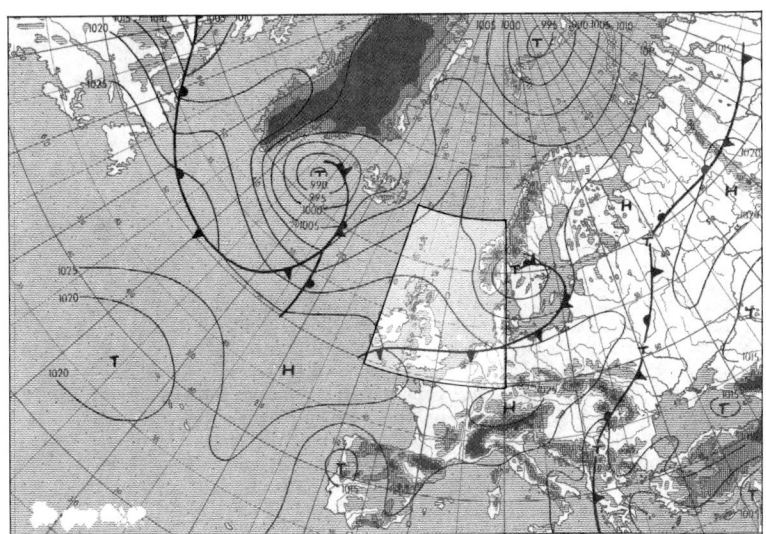

13 typische Wetterlagen in Europa

einen Tag an. Rückseitenwetter gehört immer zu Kaltfronten. Okklusionsfronten und auch Warmfronten haben nicht das klassisch gute Rückseitenwetter.

Das Wetter auf den Revieren

Ostsee: Rasche Auflösung der düsteren Bewölkung und zunehmend sonnig, nur in den ersten Stunden nach Kaltfrontpassage einzelne Schauer, sonst trocken. Wind anfangs auf Bft 4–5 zunehmend, danach aber bei Anstieg des Luftdrucks rasch abflauend, abends Flaute.

Nordsee: Hinter der Front noch für einige Stunden kräftige Schauer mit Böen. Windstärke um 5–6 Bft, kontinuierlich rechts drehend, von anfangs südlicher bis auf später nördliche Richtung. Bei kräftigem Druckanstieg nimmt die Windstärke kontinuierlich ab, und zugleich wird die Bewölkung abnehmen, sonnig.

IJsselmeer: Wie Ostsee.

Binnenseen: Vereinzelte Schauer hinter der Front, aber rascher Zusammenfall der Bewölkung. Bei leichtem Wind sonnig, abends Flaute, am nächsten Tag schönes Hochdruckwetter.

So verhält sich der Luftdruck, wenn sich ein schönes Rückseitenwetter entwickelt:

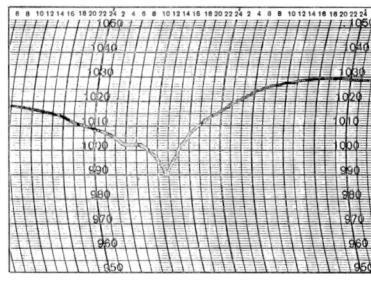

Meteorologische Hinweise

Andauer der Wetterlage:
Zumindest bis zum Sonnenuntergang wird das Wetter auf der Rückseite immer schöner. Am nächsten Tag herrscht dann weiterhin gutes Sommerwetter. Bei einer Westwetterlage ist dann aber Schluß. Es folgen neue Fronten. Bleibt der Luftdruck hoch, bleibt auch das gute Wetter erhalten.

Nachfolgender Wettertyp:
Bei anhaltend hohem Luftdruck folgt dann auch konsequent eine länger anhaltende Schönwetterlage.
Deutet sich aber am zweiten Tag bereits ein kleiner Druckfall an, so bleibt es beim wechselhaften Westwetter.

Häufigstes Auftreten:
April, Mai und Juli bis Oktober.

Der typische Wetterablauf

Wind: Nach Frontpassage rasches Abflauen, trotzdem aber böig bis zum Nachmittag. Abends Flaute.
Sicht: Schlagartig extrem gute Sicht hinter der Kaltfront.
Wolken: Kurz hinter der Front noch zahlreiche hochreichende Quellwolken, aus denen auch Schauer fallen. Dann Zusammenfall der großen Cumuluswolken zu harmlosen kleinen und Bildung von Stratocumulus parallel dazu. Abends wolkenlos.

13 typische Wetterlagen in Europa

Das Wetter im Zwischenhoch

Die Wetterlage

Der großräumige Wettertyp heißt „Westwetterlage", kurz nur die „Westlage" genannt. Dahinter steckt eine lebhafte Tiefdrucktätigkeit auf dem Nordatlantik. In diesem Seegebiet ist die sogenannte Wetterküche Europas angesiedelt. Die Tiefs mit ihren Wetterfronten ziehen in schöner Regelmäßigkeit von dort heran, überqueren Europa und lösen sich dabei wieder auf. Die Distanz zwischen zwei Tiefs ist in der Wetterkarte nicht besonders markiert, aber doch sehr beachtenswert. Es sind die Zwischenhochs, die jeweils zwischen zwei Tiefs einen Tag ruhiges Wetter bescheren.

Das Wetter auf den Revieren

Ostsee: Schwacher bis mäßiger Wind, sehr beständig. Zum Abend rasch abflauend. Gute Sicht und Sonnenschein, keine Niederschläge.
Nordsee: Wie Ostsee.
IJsselmeer: Wie Ostsee.
Binnenseen: Außer einem lauen Lüftchen regt sich nur um die Mittagszeit etwas Wind. Wolkenarmes Sommerwetter.

Meteorologische Hinweise

Andauer der Wetterlage:
Selten halten die Zwischenhochlagen länger als einen Tag an. Die Merkregel lautet: Am nächsten Tag ist alles vorbei, und Wind und Regen kehren wieder ein.
Nachfolgender Wettertyp:
Ein Tag mit Wind und Regen, gefolgt von einem Sonnentag, das ganze wiederholt sich vielfach. Nach Zwischenhocheinfluß zeigt sich also schon bald die Vorderseite eines neues Tiefs. Erst wenn die Rückseite der Kaltfront durch ist, folgt wieder einmal ein versöhnender Zwischenhocheinfluß.

Das Wetter im Zwischenhoch

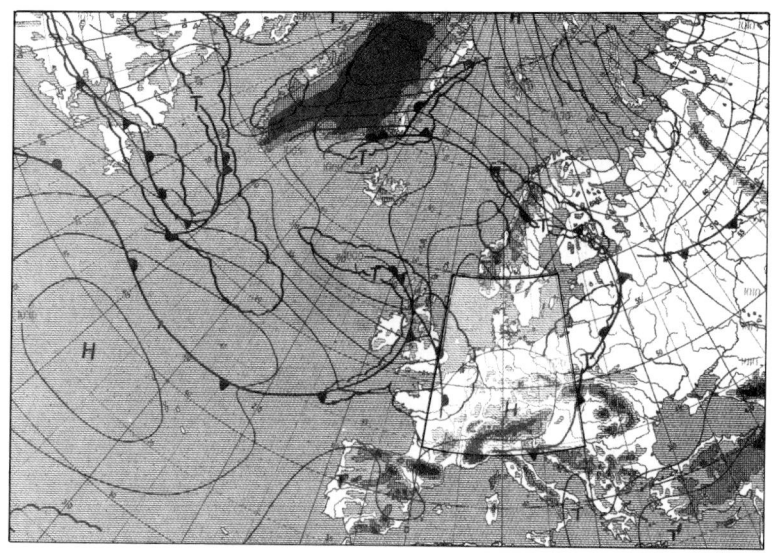

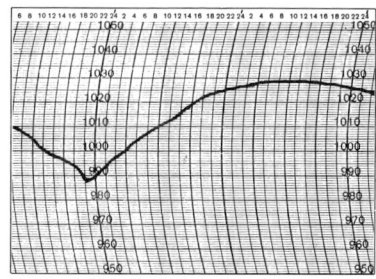

So verhält sich der Luftdruck, wenn sich ein Zwischenhocheinfluß durchsetzt.

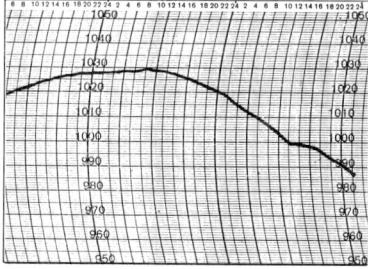

So verhält sich der Luftdruck, wenn der Zwischenhocheinfluß zu Ende geht.

Häufigstes Auftreten:
April, Mai und Juli bis Oktober.

Der typische Wetterablauf

Wind: Solange der Luftdruck ansteigt, dreht die Windrichtung kontinuierlich rechts herum. Bei einsetzendem Druckfall dreht er zurück. Die Windstärke ist kaum über null.
Sicht: Gute Sicht anfangs, bei Einsetzen von Druckfall langsam etwas diesig.
Wolken: Sehr wenige oder gar keine kleinen Cumuluswolken, dazu gesellen sich als Vorboten der nächsten Wetterverschlechterung später dünne Cirrusschleierwolken, die zunehmend schirmartig den Himmel von Westen bedecken. Halo-Erscheinungen.

Ein Teiltief bildet sich

Die Wetterlage

Ein umfangreiches Tief, das zumeist über Schottland liegt, beherrscht über ganz Nord- und Mitteleuropa das Wetter. Solche Tiefs sind stationär und zählebig. Trotzdem gestalten sie das aktuelle Wetter abwechslungsreich, und das manchmal auch recht negativ. Weit hinter der Kaltfront beulen sich die Isobaren trogartig aus und neigen später sogar zur Abschnürung. Dann hat sich aus dem großen Tief ein kleines Teiltief gebildet und abgeschnürt, das leider die Angewohnheit hat, selbst rasch zu wachsen und sich auch schnell zu verlagern. Teiltiefs sorgen für Überraschungen und Fehlprognosen.

Ein Teiltief bildet sich

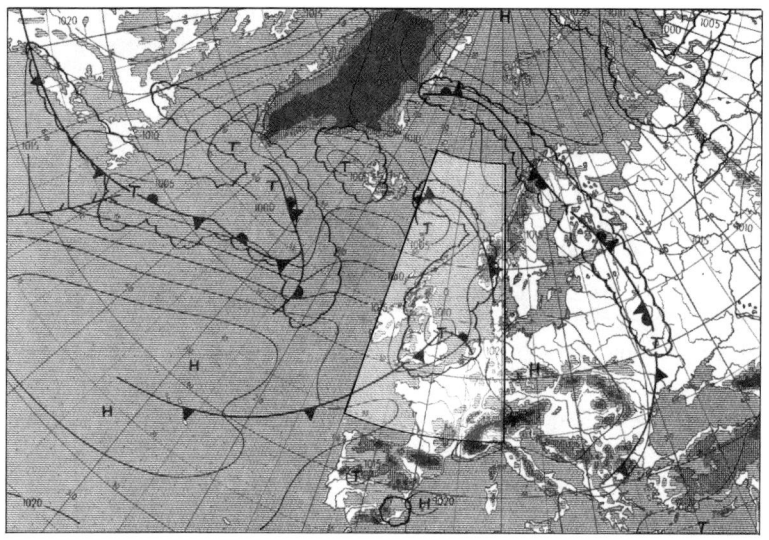

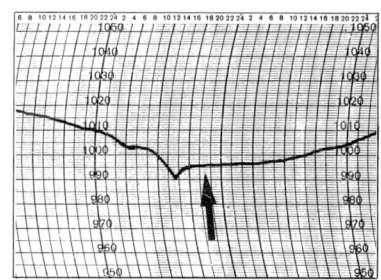

So verhält sich der Luftdruck,
wenn ein Teiltief entsteht.

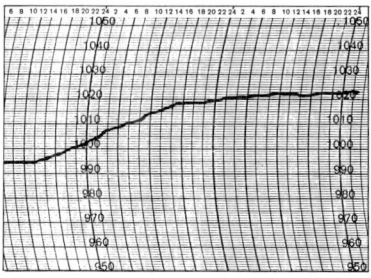

So verhält sich der Luftdruck,
wenn das Teiltief abzieht.

13 typische Wetterlagen in Europa

Das Wetter auf den Revieren

Ostsee: Der Wind dreht ganz entgegen der Prognose zurück, und der Regen hört nicht auf. Die Windstärke läßt dabei nur unwesentlich nach. Stunden später, im Bereich des Teiltiefs, gibt es Starkwind.
Nordsee: Starkwind bis Sturm im Teiltief, sonst wie Ostsee.
IJsselmeer: Wie Ostsee, außer wenn das Teiltief aus dem Englischen Kanal kommt, dann sind auch hier Sturmstärken möglich.

Meteorologische Hinweise

Andauer der Wetterlage:
Die Entwicklung eines Teiltiefes bis zur Sturmstärke dauert 3 bis 6 Stunden, wenn es ganz schnell geht, normal kann man 9 bis 12 Stunden ansetzen. Wen das ganze Tief dann direkt überquert, der hat für etwa zwei Tage Schlechtwetter. Sonst ist man nach einem Tag heraus.

Nachfolgender Wettertyp:
Es bleibt stürmisch in einer klassischen Westlage.

Häufigstes Auftreten:
April, Mai, Juli bis Oktober.

Der typische Wetterablauf

Wind: Rückdrehend, anfangs konstant, bei stärkerem Rückdrehen schnelle Zunahme bis Sturmstärke, später rechtsdrehend.
Sicht: Mäßig bis schlecht durch Regen.
Wolken: Geschlossene Wolkendecke der finstersten Art aus Cumulus, Stratus und darunter herfliegenden Cumulusfetzen.

Die typische Westlage

Die Wetterlage

Die klassische Westlage bringt abwechslungsreiches Wetter, das sich sehr schön auf dem Barometer darstellt. Jede einzelne Wetterfront kündigt sich deutlich an, so daß man immer genau weiß, welches Wetter als nächstes zu erwarten ist. Der Ablauf ist immer derselbe: Zuerst kommt eine Warmfront, dann die dazugehörige Kaltfront. Die Rückseite kann sowohl gutes als auch schlechtes Wetter bringen. Danach kommt auf jeden Fall das Zwischenhoch. Dieses wird dann wieder von einer neuen Warmfront abgelöst.

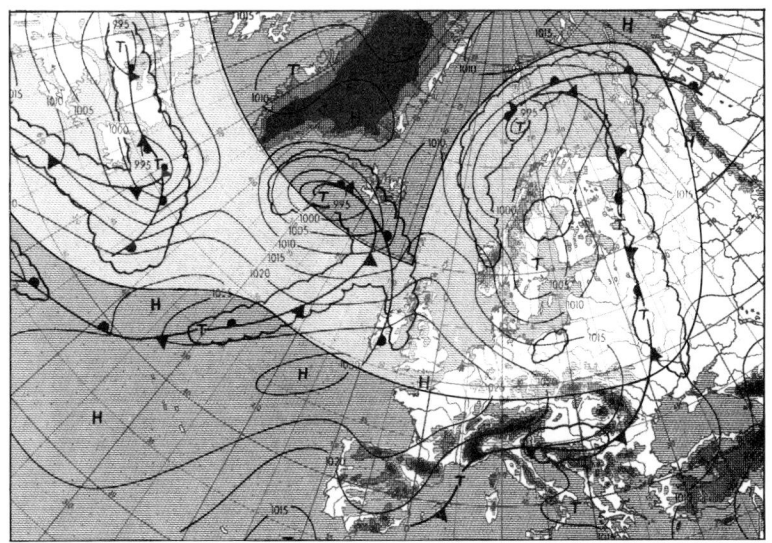

13 typische Wetterlagen in Europa

Das Wetter auf den Revieren

Ostsee: Bei Durchzug der Wetterfronten Windzunahme auf Bft 5−6, in Schauerböen 2 Bft mehr, Perioden mit Regen.
Nordsee: Bei Durchzug der Wetterfronten Windzunahme auf Bft 6−7, in Schauerböen 2 Bft mehr, Perioden mit Regen.
IJsselmeer: Wie Nordsee.
Binnenseen: Bei Durchzug der Wetterfronten Windzunahme auf Bft 4−5, in Schauerböen 1 Bft mehr, längere Perioden mit Regen.

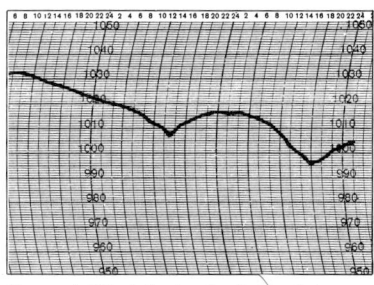

So verhält sich der Luftdruck in einer herannahenden Westlage.

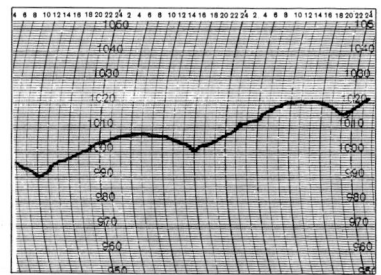

So verhält sich der Luftdruck in einer abziehenden Westlage.

Meteorologische Hinweise

Andauer der Wetterlage:
Eine Westlage braucht 2 bis 3 Tage, bis sie sich richtig entwickelt hat. Ihre Andauer ist dann etwa 3 Tage bis zu 7 Tage, je nachdem, wann das große steuernde Tief vernichtet worden ist. Die Nachwehen können dann noch einmal drei Tage von Westen wehen lassen.

Nachfolgender Wettertyp:
Der mittlere Luftdruck steigt kontinuierlich an, obwohl sich noch einzelne schwache Fronten verwaschen auf dem Barographen ablesen lassen.

Der Hochdruck gewinnt in der Endabrechnung, und es stellt sich eine mehrtägige Schönwetterlage ein.

Häufigstes Auftreten:
April, Juli, August, September, Oktober.

Der typische Wetterablauf

Wind: Sehr rasche Änderung von Richtung und Stärke, Gefahr von Starkwind ist immer drin, mit Ausnahme im Zwischenhoch.
Sicht: Unterschiedliche Verhältnisse von extrem guter Sicht bis schlecht.
Wolken: Klassische Wolkenabläufe gestatten eindeutige Prognosen für einen ganzen Tag, ganz besonders in Verbindung mit einem Barographen.

Wärmegewitter

Die Wetterlage

Eine starke Erhitzung der Erdoberfläche ist die eine wichtige Voraussetzung für die Erzeugung von Wärmegewittern. Die daraus resultierende Aufwärtsbewegung der überhitzten Luftmassen in Bodennähe reicht aber nicht aus. Es muß irgendwo noch ein großes Angebot von Feuchtigkeit bereitgestellt werden. Sei es nun durch Verdunstung am Boden oder durch eine Schicht feuchter Luft irgendwo in mittleren Höhen, wobei letztere viel wirksamer ist. Die Wetterlage dazu ist typischerweise ein umfangreiches Hitzetief über dem Kontinent, das oft aus vielen kleinen Tiefs besteht. Die Lust der Natur auf Wärmegewitter ist einerseits an kräftige Quellbewölkung mit turmartigen Wolkenköpfen zu erkennen, andererseits sind Felder von Altocumulus oder Cirrocumulus eindeutige Warnhinweise auf Wärmegewitter am Nachmittag.

13 typische Wetterlagen in Europa

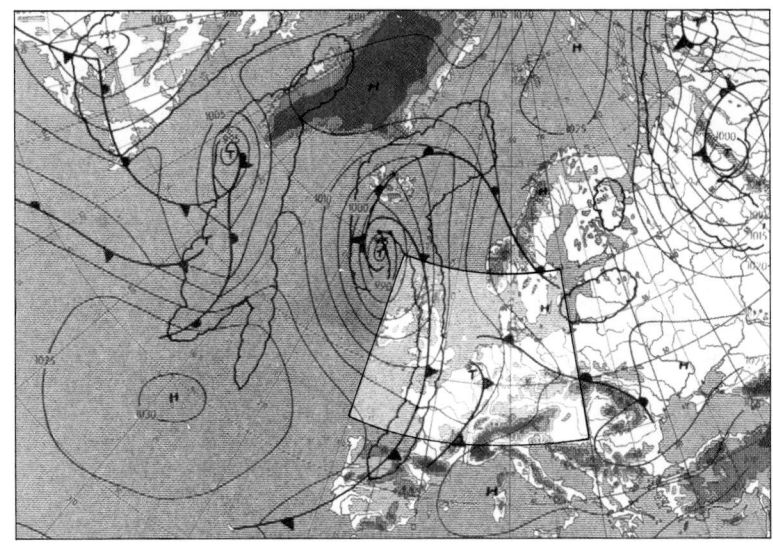

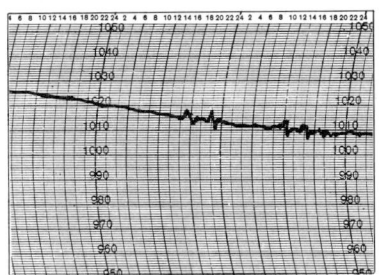

So verhält sich der Luftdruck, wenn eine sommerliche Gewitterlage entsteht.

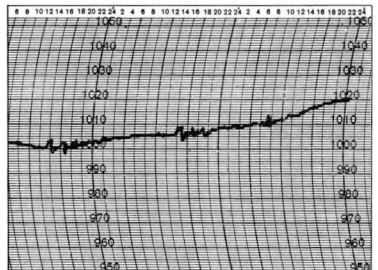

So verhält sich der Luftdruck, wenn die sommerliche Gewitterlage beendet wird.

Das Wetter auf den Revieren:

Ostsee: Sofern ein Abstand von etwa 10 sm zu den Küsten eingehalten wird, treten keine Wärmegewitter über See auf. In den Seegebieten der Belte und Sunde muß allerdings nachmittags schon davon ausgegangen werden, daß jedes Gewitter über Land auch auf See übergreift.
Wenn der Wind einschläft, die Temperatur spürbar ansteigt und die Luft diesig und schwül wird, geht es in wenigen Minuten los.

Nordsee: Auf hoher See keine Wärmegewitter tagsüber. Im Bereich der Inseln entstehen die Gewitter zuerst an der Küstenlinie und über den Inseln. In Küstennähe halten sie bis in die Nacht hinein an, weil der Kontrast zwischen Meer und Land immer wieder Energie liefert. (Daher die irrige Interpretation des Volksmundes, sie kämen nicht über das Festland hinweg.)

IJsselmeer: Bedingungen wie an der Küste führen ebenfalls zu langanhaltenden Gewittern bis weit in die Nacht hinein. Vor den Gewittern lähmende Schwüle bei Flaute und extremer Diesigkeit. Cumuluswolken verschwinden am Horizont durch Diesigkeit.

Binnenseen: Gewitter bleiben wie auf dem übrigen Festland auf den Nachmittag beschränkt und sterben zum Sonnenuntergang aus.

Meteorologische Hinweise

Andauer der Wetterlage:
Wärmegewitter treten gern an einer ganzen Reihe von Tagen hintereinander auf. Erst ein klassisches Abendrot weist auf eine Umstellung der Wetterlage hin, es wird meistens eine abkühlende Westlage sein.

Nachfolgender Wettertyp:
Tagelange Wärmegewitter bereiten die Westlage vor. Sie zeigt sich mit

13 typische Wetterlagen in Europa

einer ganzen Staffel von Kaltfronten, von denen nahezu jeden Tag eine über uns hinwegzieht und deutliche Abkühlung bringt. Die dazu gehörenden Warmfronten zeigen sich nur auf dem Barographen und an einigen typischen Wolkenfeldern.

Häufigstes Auftreten:
Juli, August, September.

Der typische Wetterablauf

Wind: Manchmal sind diese Gewitter völlig ohne Wind, ein andermal von heftigsten Böen begleitet, die volle Sturmstärke erreichen.
Sicht: Stark diesig vorher und auch nachher, im Gewitter oftmals Nullsicht.
Wolken: Ab Mittag bereits heftig aufwärts quellende Cumuluswolken, die im Gewitterstadium den typischen Ambos tragen. Doch meist sind die Cumuluswolken durch Diesigkeit nicht gut zu identifizieren. Möglichst schon vormittags die Wolken beobachten und besonders auf Altocumulus- und Cirrocumulusfelder achten.

Wellenbildung an der Kaltfront

Die Wetterlage

Ein ganz ordinäres Tief, das nach der Wetterkarte und nach der amtlichen Prognose lehrbuchartig ostwärts über uns hinwegziehen sollte, sorgt mit seiner Kaltfront ab und zu für Überraschungen, wenn diese ganz unprogrammgemäß zu wellen beginnt. Damit läuft sie aus der Erfaßbarkeit der Vorhersagecomputer – und auch oft aus der der Wetterämter – heraus und entwickelt ein eigenständiges Leben, das alle Prognosen umkrempelt. Statt einer raschen Ostverlagerung der Front kommt es an der norddeutschen Küste immer wieder zu einem Bremseffekt, der eine Wellenbildung an der Kaltfront einleitet. Es bildet sich dabei an der Front

Wellenbildung an der Kaltfront

eine Art Mini-Tief. Die dazu erforderliche Energie wird der Front abgezapft, die dadurch schlichtweg ortsfest stehen bleibt. Das Ergebnis ist eine neue Wetterlage, dessen Zentrum meistens über Holland oder Nordniedersachsen liegt.

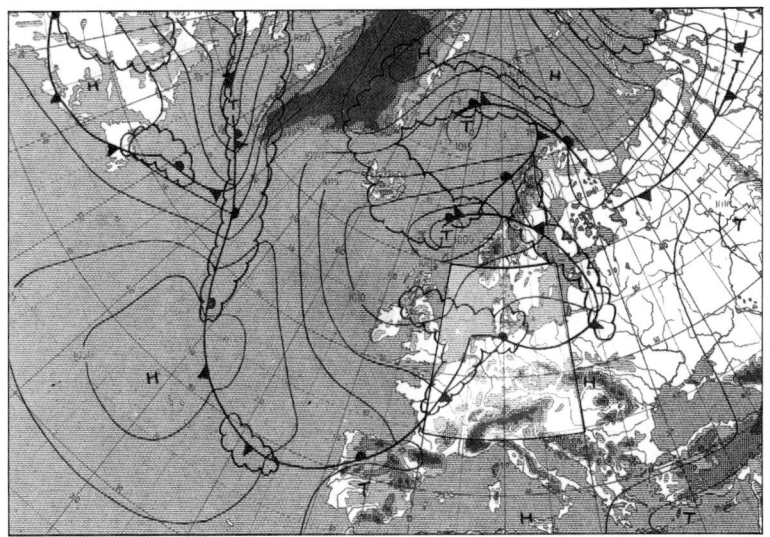

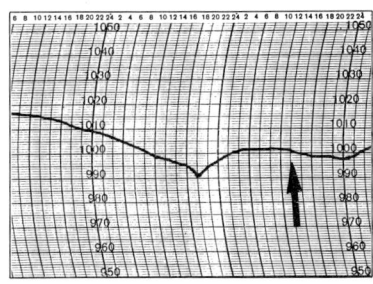
So verhält sich der Luftdruck, wenn sich eine Wellenstörung bildet.

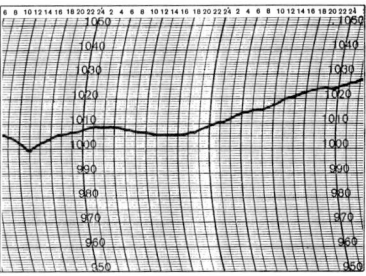
So verhält sich der Luftdruck, wenn die Störung abzieht.

13 typische Wetterlagen in Europa

Das Wetter auf den Revieren

Ostsee: Da die Wellenbildung weit entfernt einsetzt, zieht zunächst die Kaltfront durch, aber schon deutlich später als anfangs noch prognostiziert. Statt beständiger Westwinde auf der Rückseite gibt es schwache Winde aus wechselnden Richtungen. Etwa 12 bis 20 Stunden später dreht der Wind dann total auf Ost bis Nordost, weil die neue Wellenstörung das Wetter über Norddeutschland beherrscht.

Nordsee: Nur die Küstenzone ist betroffen.
Hinter der Kaltfront ähnliches Wetter wie bei Trog- und Teiltieflage. Der Luftdruck zeigt den Unterschied. Viel Regen zwar, aber bei leichten Winden, die sich nur zögernd auf eine einheitliche Richtung einstellen.

IJsselmeer: Wie Nordseeküste.

Binnenseen: Die norddeutschen Seen sind mitten im anhaltenden Schlechtwetter der Wellenstörung drin. Die übrigen Seen bleiben davon unbetroffen.

Meteorologische Hinweise

Andauer der Wetterlage:
Das Regengebiet der Wellenstörung weitet sich beständig aus. Norddeutschland bleibt dadurch etwa zwei Tage im Schlechtwetter.

Nachfolgender Wettertyp:
Selten wird das schlechte Wetter einer Wellenstörung von einer deutlichen Wetterverbesserung abgelöst. Wahrscheinlicher ist, daß sich eine Mischwetterlage einstellt, die „nicht Fisch und nicht Fleisch" ist. Etwas Regen, etwas Wind, kühl, bedeckt.

Häufigstes Auftreten:
März bis Mai, ab September.

Der typische Wetterablauf

Wind: Weniger als vorhergesagt und aus wechselnden Richtungen.
Sicht: Schlecht durch Diesigkeit und Regen.
Wolken: Ausgeprägte Schlechtwetterwolken: Stratus, Nimbostratus.

Die Flautefront

Die Wetterlage

Eine Kaltfront zieht programmgemäß heran, und das Wetter verhält sich bis dahin ebenfalls genau wie vorhergesagt. Die Front soll nach Osten abziehen, und dahinter soll sich eine Rückseite mit strammem Westwind einstellen. Aber es kommt anders, denn kaum, daß die Front durch ist, herrscht absolute Flaute, und die Sonne lacht einem entgegen – wieder eine Fehlprognose?

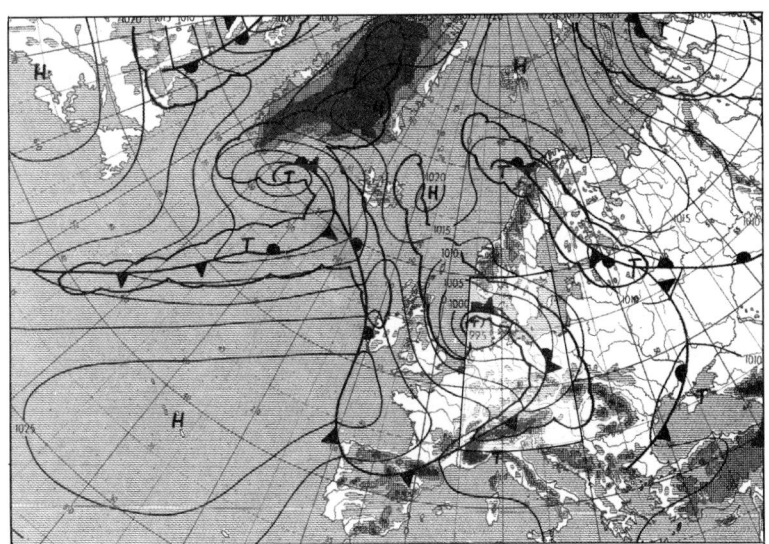

13 typische Wetterlagen in Europa

Ein Blick auf die Wetterkarte zeigt, daß die Situation eindeutig ist. Die Lage der Isobaren vor der Front ist ganz anders als dahinter. Daher gibt es vor der Front zwar eine deutliche Windzunahme, aber direkt bei Frontpassage wird der Abstand der Isobaren etwa doppelt so groß — daher die Flaute. Die Flautefront ist eindeutig prognostizierbar — auch für den Skipper an Bord.
Hier gilt die Regel: Kommt der Wind vor dem Regen, Skipper kann sich schlafen legen.

Das Wetter auf den Revieren

Ostsee: Langsame Windzunahme unter Rückdrehen. Wenn Regen einsetzt, wird der Wind innerhalb einer Stunde einschlafen, denn die Front ist da. Hinter der Front eben noch eine Winddrehung auf West, und dann gähnende Flaute bei wolkenarmem Himmel.

Nordsee: Zuerst genau wie auf der Ostsee, etwa einen halben bis ganzen Tag später scheinbar überraschende Windzunahme auf Starkwind unter Drehung auf Nordwest.

IJsselmeer: Wie Nordsee.

Binnenseen: Schwacher Wind, bei Frontnähe rückdrehend, nur etwas Zunahme der Bewölkung durch die Front, danach gähnende Flaute bei wolkenarmem Himmel.

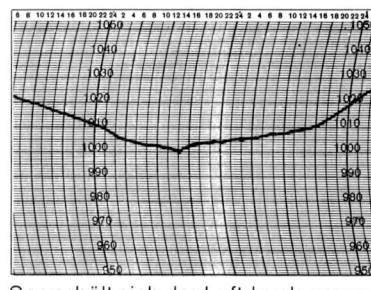 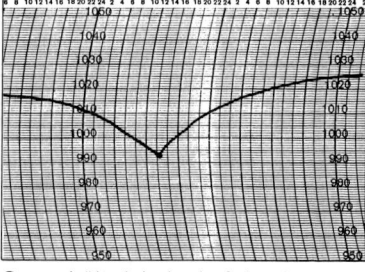

So verhält sich der Luftdruck, wenn eine Flautefront kommt.

So verhält sich der Luftdruck, wenn eine normale Kaltfront kommt.

Die Flautefront

Meteorologische Hinweise

Andauer der Wetterlage:
Mindestens einige Stunden. Wenn sich von Westen düstere Wolken nähern, ist die Flaute vorbei, und Starkwind kommt rasch auf. Dieser hält einen halben Tag an.
Bleibt der Himmel locker bewölkt, so dominiert die Flaute tagelang.

Nachfolgender Wettertyp:
In beiden vorgenannten Fällen entwickelt sich eine stabile Hochdrucklage.

Häufigstes Auftreten:
Mai bis Oktober.

Der typische Wetterablauf

Wind: Flaute.
Sicht: Direkt hinter der Front zunächst noch gut, aber dann in der Flaute sehr diesig.
Wolken: Einzelne flache Cumuluswolken und einzelne mittelhohe und auch hohe Wolken.

Sommerliche Wetterlagen, die Überraschungen brachten

Der „Wentorf"-Orkan von 1989

Nie zuvor wurde die deutsche Sportschiffahrt von einem Unwetter so hart getroffen, wie am Sonntag, den 27. August 1989. Das einzig entkrampfende Moment war, daß kein Mensch zu Tode kam. Dafür ging der Sachschaden in unermeßliche Höhen, denn der ganze Hafen wurde zerstört

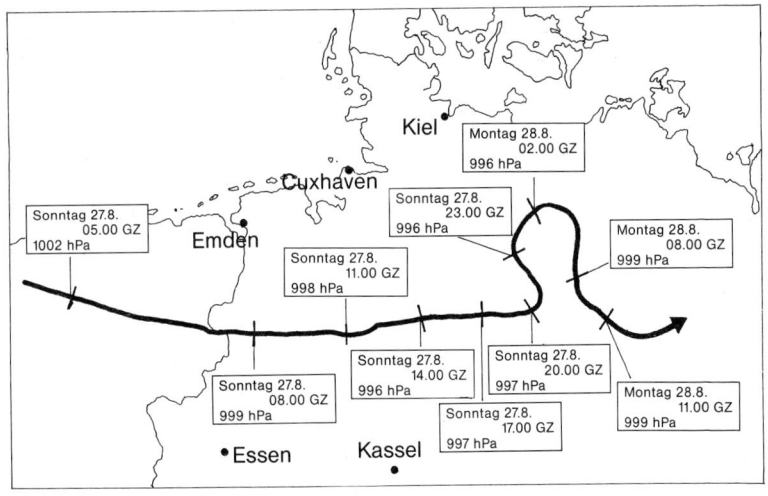

und über 200 Yachten dazu. Wie konnte es zu solch einer Katastrophe kommen? Und letztlich geht es auch um die Frage, ob der einzelne vor Ort vielleicht eher auf die Idee eines schweren Sturmes hätte kommen können als das Seewetteramt. Denn daß der Wetterdienst hier kläglich versagt hat, steht wohl außer Frage. Er warnte erst, als alles zerstört war. Luftdruckänderungen machen Wetter. Das ist doch der rote Faden dieses Buches. Nun, was wäre wohl auf einem Barographen aufgezeichnet worden, wenn er an Bord eines Schiffes in Wentorf dabeigewesen wäre? Schauen wir uns einmal die Zugbahn des Tiefs genau an, dann wissen wir auch, wie sich der Luftdruck verhalten haben muß.

Der „Wentorf"-Orkan 1989 auf der Bordwetterkarte Nr. 9

Sommerliche Wetterlagen, die Überraschungen brachten

Das Tief zog von Holland kommend zuerst rein ostwärts, vertiefte sich dabei kontinuierlich und verlangsamte seine Verlagerungsgeschwindigkeit deutlich. Südlich von Hamburg änderte es abrupt seine Marschrichtung und zog nahezu nordwärts bis zur halben Distanz zwischen Hamburg und Lübeck. Der weitere Verlauf der Bahnkurve hat dann keinen Einfluß mehr auf die Katastrophe, sie ist bereits passiert.

Wäre das Tief ganz einfach und stur ostwärts gezogen, sähe die Barographenkurve ganz anders aus. Wer also den Wetterbericht aufmerksam verfolgt hatte, mußte für den ganzen Sonntag einen gleichmäßigen Fall des Luftdrucks erwarten. Nach der dichtesten Annäherung des Tiefs sollte der Druck dann genauso langsam wieder ansteigen, wie er zuvor gefallen war. So wäre also die Erwartung für das Verhalten des Luftdrucks gewesen. Jede Abweichung von dieser Erwartung hätte als ein Hinweis auf eine Veränderung in der Wetterlage gegenüber der letzten amtlichen Vorhersage gewertet werden müssen.

Nun, um 20 Uhr begann das Tief mit dem Nordschwenk, das heißt, daß von dieser Zeit an sich der Luftdruck völlig anders als prognostiziert verhielt. Bereits zu dieser Zeit mußte bei jedem, der auf den Barographen schaute, die Alarmglocke schellen! (Im Seewetteramt soll es auch einen Barographen geben...)

Wenn es am Sonntag in Wentorf bereits mit 4–6 Bft geweht hatte, dann war natürlich durch den erneuten Druckfall, eine weitere Windkomponente dem vorhandenen Wind hinzuzuaddieren. Bei einem registrierten Druckfall von mehr als einem hPa pro Stunde machte das nochmal runde 4–5 Bft, die draufgepackt werden mußten.

Es reichte bereits die sorgfältige Überwachung des Luftdrucks mit einem Barographen und die simple Anwendung der Faustformel für die Drucktendenz-Windstärken-Beziehung, um zu wissen, daß die amtliche Prognose schwer in die Hose gehen würde.

Der „Wentorf"-Orkan von 1989

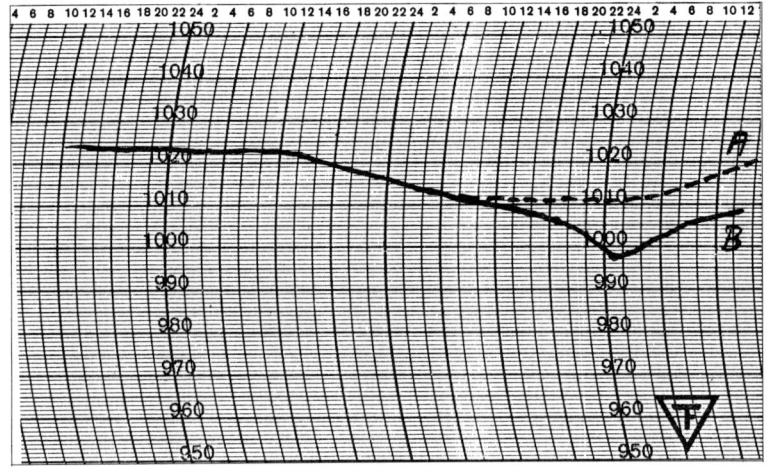

Barogramm des „Wentorf"-Orkans
A = So wäre die Barographenkurve verlaufen, wenn das Tief rein ostwärts gezogen wäre.
B = Tatsächlicher Verlauf des Luftdrucks.

Merke:
1. Die Zugbahnen kleiner Tiefs können von den Prognoserechnern überhaupt nicht realistisch erfaßt werden. Hier hilft nur pausenlose Überwachung der gesamten Situation.
2. Die Änderungen des Luftdrucks, der Windrichtung und Windstärke sind die einzig sicheren Indikatoren für das Verhalten solch eines Tiefs.
3. Wenn ein kleines Tief seine Verlagerungsgeschwindigkeit verringert, neigt es dadurch zur Vertiefung. Diese Regel gilt auch umgekehrt.

Vertrauen Sie im Zweifelsfall immer Ihren eigenen Augen und dem Barographen – beide sind dem amtlichen Wetterbericht stets um Stunden voraus (leider).

Sommerliche Wetterlagen, die Überraschungen brachten

Eine Hitzewelle wird von Wärmegewittern abgelöst

Am 3. August 1990 hatte sich ein kräftiges Hochdruckgebiet über der Ostsee entwickelt. Für Deutschland bedeutete dies, daß trockene und sehr warme Luft vom östlichen Teil des Kontinents das Wetter bestimmen würde. Die Tagestemperaturen stiegen so auch bis zu 34 Grad an und fielen nachts nicht unter 20 Grad. Dabei zeigte sich der Himmel überall wolkenlos.

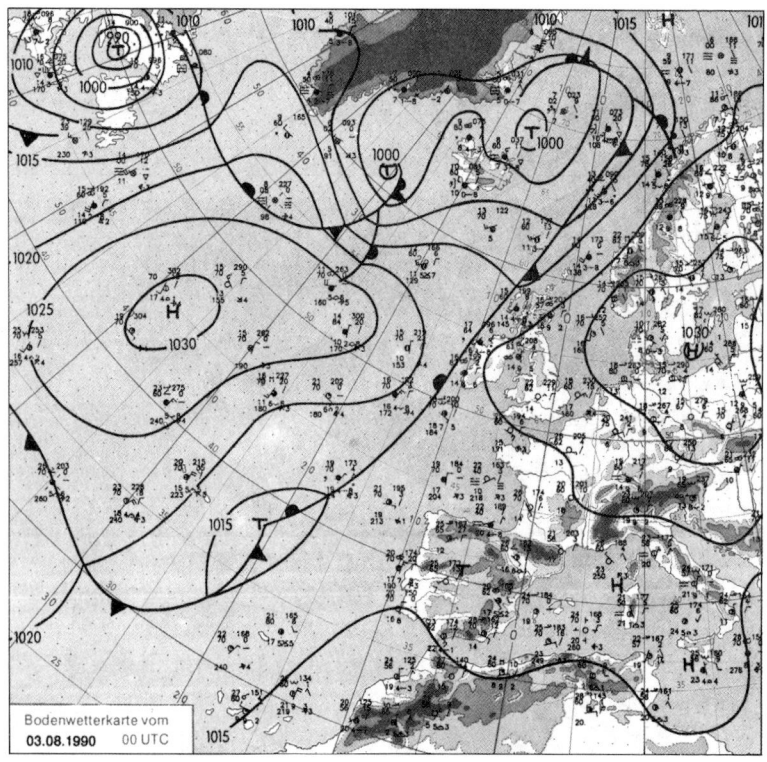

Bodenwetterkarte vom
03.08.1990   00 UTC

Eine Hitzewelle wird von Wärmegewittern abgelöst

Solche Wetterlagen sind bei Urlaubern zweifelsohne heißersehnt. Wassersportler sollten aber auf der Hut sein, denn die Umstellung zu einer wechselhafteren – und windreichen – Periode erfolgt kaum merklich. (Siehe hierzu auch die Wetterlage: Beständiges Hochdruckwetter.)

Merke:
Wenn der Wind nach einer heißen Ostwindlage langsam auf Südost oder gar Süd dreht, fällt bald darauf der Luftdruck. Die Sicht wird deutlich schlechter. Die Lufttemperatur steigt sogar noch weiter an, und die Luft wird zunehmend schwül. Die schöne Hochdrucklage ist dann zu Ende.

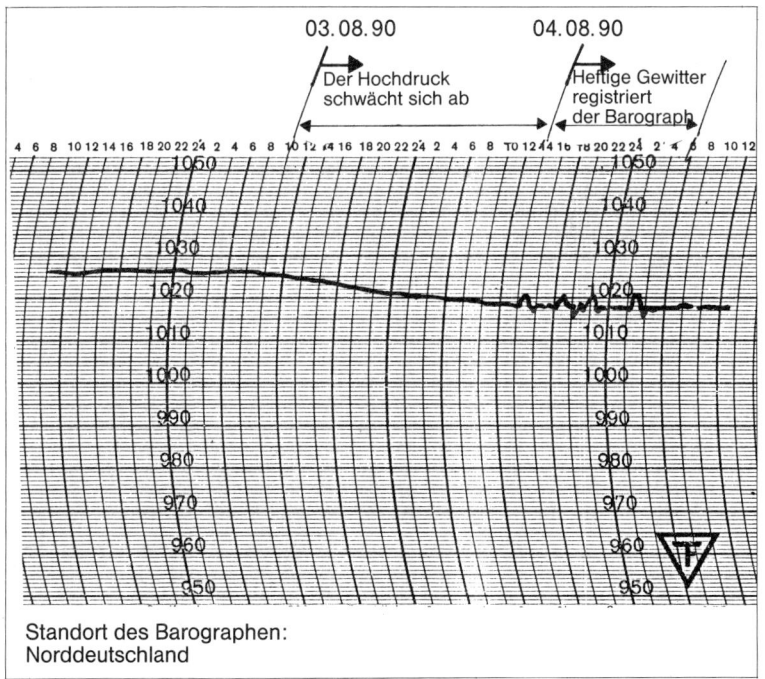

Standort des Barographen:
Norddeutschland

Sommerliche Wetterlagen, die Überraschungen brachten

So sieht die Wetterlage am Folgetag aus

Das Hochdruckzentrum hat sich gegenüber dem 3. August deutlich von der Ostsee weg nach Polen verlagert. Dadurch hat sich die Windrichtung von Ost auf Südost verschoben. Nun fließt langsam die feucht-warme Luft des Mittelmeeres zu uns ein. Das Ergebnis ist bereits zu sehen: Über Frankreich und dem Englischen Kanal haben sich mehrere kleine Hitzetiefs gebildet. Die Biskaya wird von Nebel beherrscht.

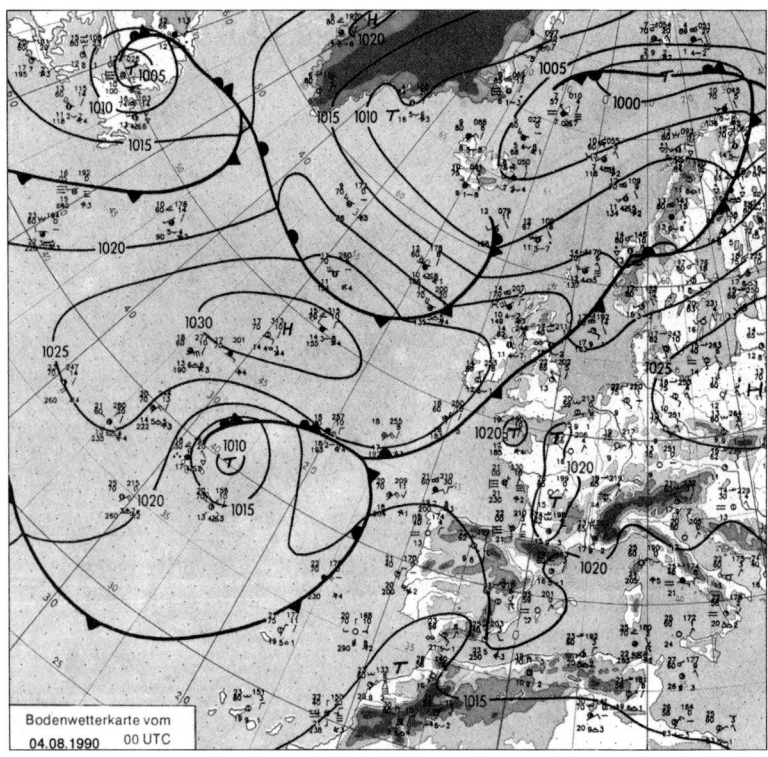

Eine Hitzewelle wird von Wärmegewittern abgelöst

Einige Werte: London meldete den Rekordwert von 37 Grad, in Brest wurden sogar 38 Grad gemessen. In Deutschland kletterte das Thermometer überall auf Werte um 30 Grad, im Rheingraben wurden sogar 35 Grad erreicht.
Die Folgetage wurden von Gewittern mit heftigen und anhaltenden Niederschlägen dominiert. Nur über Norddeutschland wurde es trocken und kühl, weil die Kaltfront über der Nordsee südwärts gezogen war. Eine Westlage stellte sich ein.

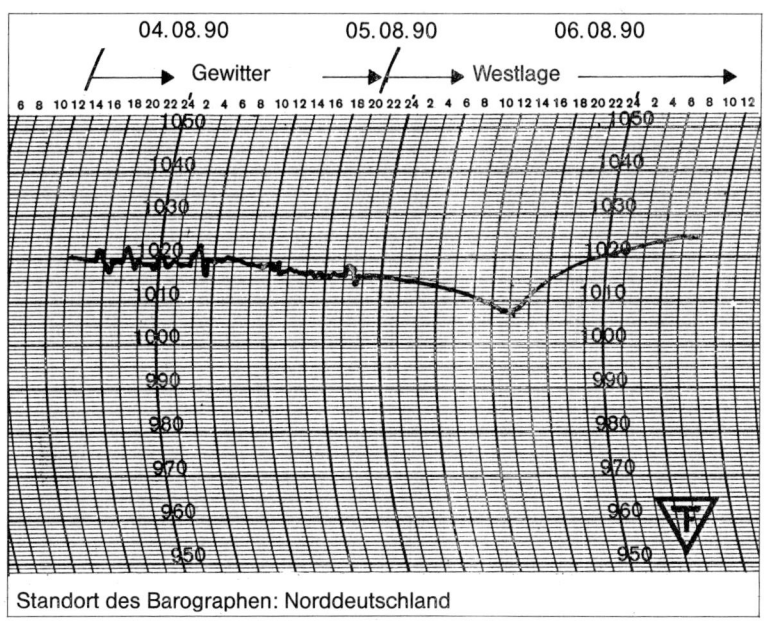

Standort des Barographen: Norddeutschland

Sommerliche Wetterlagen, die Überraschungen brachten

Eine lange Westlage im Hochsommer

Der ganze Monat Juni war an Nord- und Ostsee bereits kühl und windig. Nach der Statistik ist der Juni der sonnenscheinreichste Monat des Jahres. Für 1990 hat das Gegenteil gestimmt. Der Beginn des Hochsommers brachte ebenfalls keine typischen Werte zustande, denn ein umfangreiches Tief, das am 1. Juli über Schottland lag, bestimmte lange Zeit das Wetter.

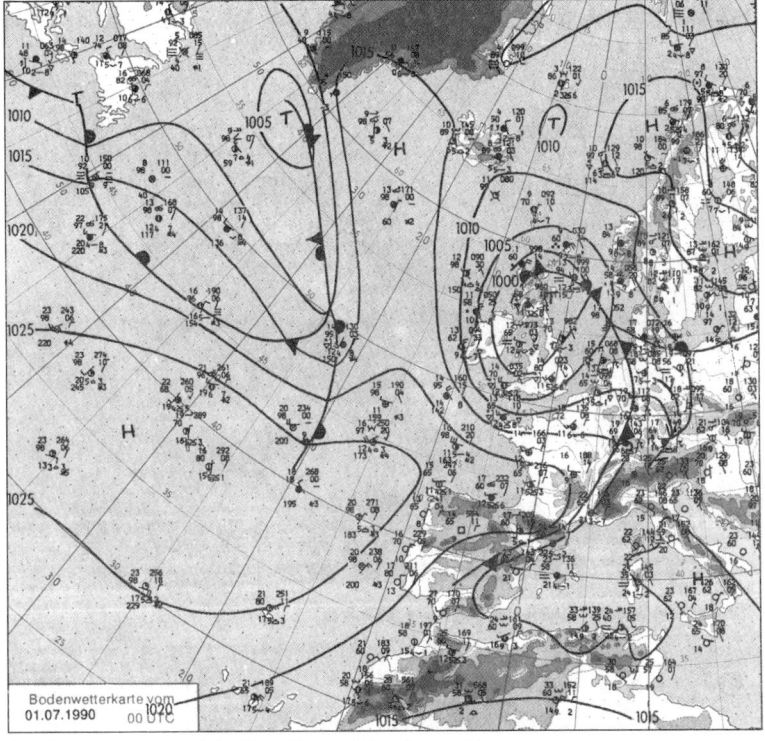

Ein Frontensystem zieht über Deutschland ostwärts.

Eine lange Westlage im Hochsommer

Die Wetterkarte vom 1. Juli zeigt sehr schön die lehrbuchartigen Fronten und das kräftige Tief, das sogar schon einen Trog bis in die Biskaya gebildet hat. Zwischen den Schlechtwetterzonen der Fronten und dem Trog bläst es frisch aus Südwest.
Ein Blick auf den Atlantik verrät auch gleich den Typ der Großwetterlage: Westlich vom Trog liegt zwar ein kleines Zwischenhoch, aber noch weiter raus auf den Atlantik sind sehr schön zwei weitere Tiefs in unterschiedlichem Entwicklungsstadium zu sehen. Eine stramme Westlage läutet den Hochsommermonat Juli ein.

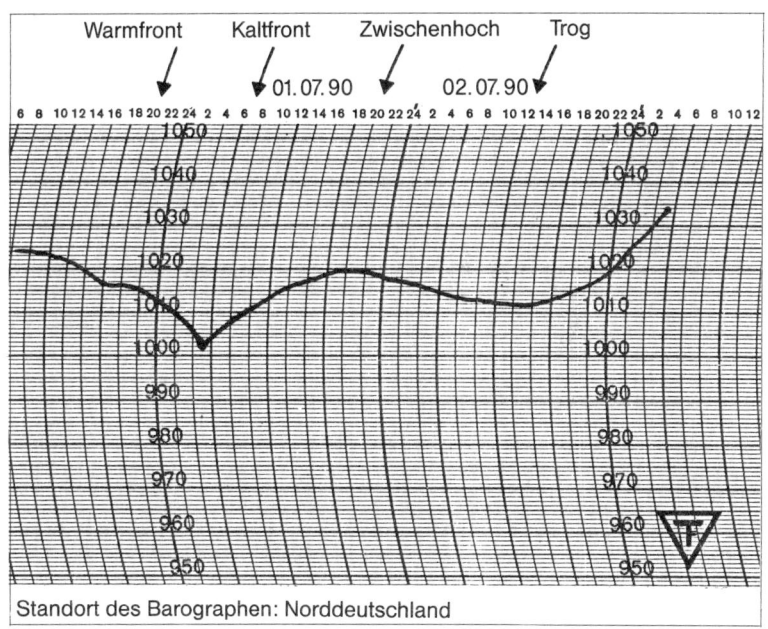

Standort des Barographen: Norddeutschland

Sommerliche Wetterlagen, die Überraschungen brachten

So sieht die Wetterlage am Folgetag aus

Der Tiefkern hat sich seit dem 1. Juli auf Norwegen zu bewegt und sich dabei aufgespalten. Dabei ist der zweite Kern aus dem Trog über England entstanden. Er wird auch weiterhin das Wetter über Nord- und Ostsee gestalten.
Die gesamte Nordsee und alle Ostseegebiete bis Rügen werden vom Schlechtwetter des Troges beherrscht, Sturmböen und Dauerregen peitschen über die Seegebiete. Über 20 Liter Niederschlag werden an der Küste gemessen. Das ist gut ein Viertel des gesamten Monatswertes.
Die an der Nordflanke des Azorenhochs von West nach Ost ziehenden jungen Tiefs werden von dem mächtigen Trog über Nordeuropa nach Süden abgedrängt. Das nächste Tief zieht in die Biskaya.

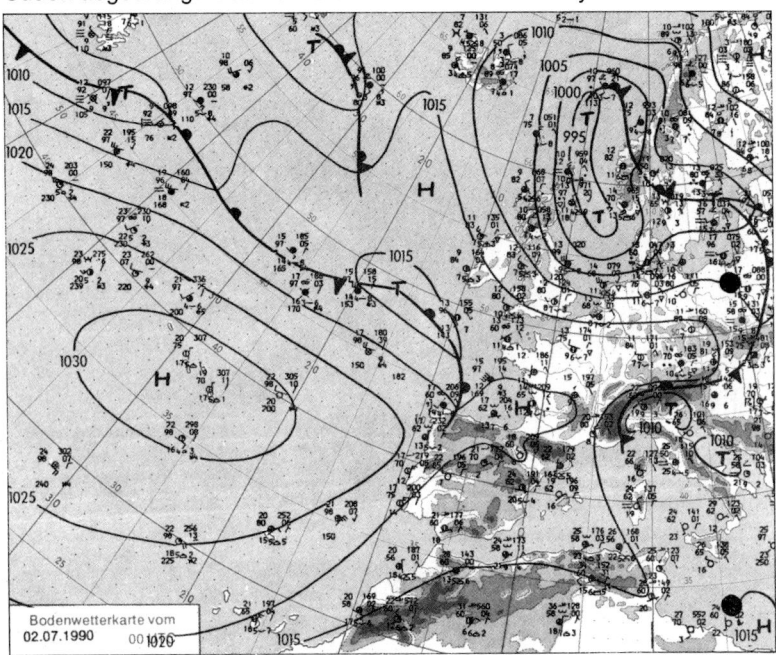

Ein kräftiger Trog schwenkt über die Nordsee nach Osten.

Der Luftdruck als Wettermacher

So unsinnig wie der „Hundertjährige Kalender" ist der Aufdruck auf den klassischen Barometern. Da gibt es drei Wetter, die heißen „Schön", „Veränderlich" und „Sturm" oder auch „Regen". Wer erstmals diese Beschriftung auf einer Druckskala verwendet hat, ist unbekannt, aber seitdem haben alle Hersteller von Barometern eifrig mitgemacht. Das wird auch bei vielen Produkten sicher beibehalten werden, denn kaum jemand traut sich, auf die Skala des Barometers nichts anderes als die Zahlenwerte in Hektopascal zu drucken – das könnte ja zu leer aussehen.
Elektronische Barometer und Barographen bilden hier eine erfreuliche Ausnahme.
Tatsache ist: Der Zahlenwert des Luftdrucks hat absolut nichts mit dem Wetter zu tun! Ob Regen, Gewitter, Nebel oder Sturm, alles kann bei jedem Luftdruckwert eintreten. Das war so, das ist so, und das bleibt so. Aber viele Ungereimtheiten haben oft einen durchaus sinnvollen Ursprung. Erst die Übertragung auf andere Gegebenheiten und Zeiten läßt dann, was ehemals seine Gültigkeit hatte, unsinnig werden.
Barometer waren zu Zeiten der Rahsegler die einzigen Meßgeräte, die entfernt mit Wetter zu tun hatten. Andere Informationsquellen gab es damals nicht. Also ist es durchaus einsichtig, daß alle Welt sich auf das Barometer stürzte, so daß es bald den Namen *„Das Wetterglas"* erhielt. Schiffe, die über den Atlantik segelten oder in den Indischen Ozean, kamen aus Zentraleuropa, einer Zone, wo Tiefdruckgebiete sich gegenseitig die Hand geben. Man segelte zuerst nach Süden, um so schnell wie möglich in den Passatgürtel zu gelangen. Dahinter verbirgt sich die

globale Hochdruckzone, die die ganze Erde umspannt. War also das Barometer auf der langen Reise hoch genug gestiegen, dann war es in jeder Hinsicht „Schön", denn im Passat wehte der Wind von achtern beständig, Schlechtwetter war vorbei, und das Ziel konnte direkt angesteuert werden. „Schön" – so las man damals zu Recht bei der Barometereintragung.
Auf der Rückseite nach Europa ging der Weg dagegen durch die Zone der Tiefdruckgebiete, weil man nur hier erhoffen konnte, einigermaßen oft Rückenwind zu haben. Allerdings brachte der Wettergott nicht nur wechselhafte Barometerwerte, sondern auch recht veränderliches Wetter. „Veränderlich" – so steht es denn auch bei mittleren Luftdruckwerten.
Daß sehr tiefe Druckwerte immer durch Sturmtiefs erzeugt werden, lernte man schnell, denn diese Erfahrung war auf allen Weltmeeren die gleiche. Es fiel nicht schwer, den tiefen Barometerständen also den Zusatz „Sturm" zu verleihen. Dieser mag aus heutiger Sicht der einzige sein, der einige Daseinsberechtigung auf der Skala eines Barometers hat. Aller-

Tief kann Hoch sein
Der Wert des Luftdrucks hat nichts mit Hoch oder Tief oder dem Wetter zu tun. Hoch „A" über Spitzbergen zeigt einen Kerndruck von 1015 hPa. Genau denselben Wert hat gleichzeitig ein Tief „C" über der Krim. Das Wetter im Hoch „A" – Luftdruck 1015 hPa: Flaute, wolkenloser Himmel oder nur sehr vereinzelt Wolken, extrem gute Sicht – also gutes Wetter. Das Wetter im Tief „B" – 1020 hPa: Regen, Nieseln, Gewitter, stark bewölkt, Windstärke bis 5 – also schlechtes Wetter, trotz nur einiger Isobaren Unterschied.
Betrachten wir das Wetter noch etwas genauer: Hoch „E1", „E2", 1025 bis 1030 hPa. Fahren wir einmal auf der 1025er Isobare die Stationen 1–6 ab und betrachten die verschlüsselten Wettermeldungen: 1 = Himmel bedeckt, Regen, Windstärke 6 aus E. – 2 = Himmel bedeckt, Regen, Windstärke 5 aus Süd. – 3 = Himmel fast bedeckt, kein Niederschlag, Windstärke 4 aus NW. – 4 = Himmel bedeckt, Regen, Windstärke 4–5 aus NW. – 5 = Himmel bedeckt, Regen, Windstärke 5 aus SW. – 6 = Heiter, Himmel fast wolkenlos, Windstärke 4 aus NE.
Hoch „F", 1025 hPa: 1 = Bedeckt, Gewitter. – 2 und 3 = Sonne, wolkenloser Himmel. – 4 = Bedeckt, Regen. – 5 = Bedeckt, Schneefall. Wetter also teils gut, teils schlecht.
Tief „D", 1015 hPa: 1 = Sonne fast wolkenloser Himmel. – 2 = Sonne leicht bewölkt (heiter). – 3 = Stark bewölkt, Regen. Also unterschiedliches Wetter.

Der Luftdruck als Wettermacher

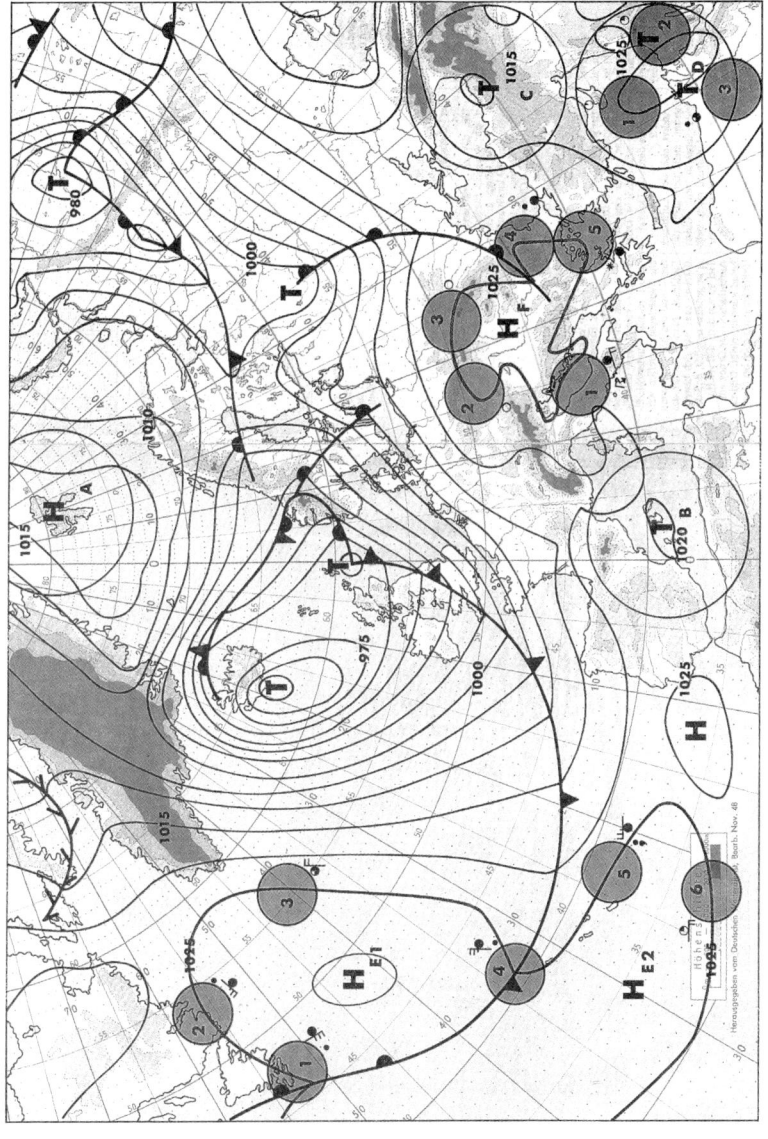

91

Der Luftdruck als Wettermacher

---

dings ist auch hier Zurückhaltung geboten, denn bei dem tiefsten Luftdruck, der je über Europa gemessen wurde (952 hPa), herrschte Windstille bei blauem Himmel.
Nicht der Luftdruck selbst ist es, der Wetter „macht", sondern das Maß seiner zeitlichen Änderung! Ob der Luftdruck zum Beispiel in 20 Stunden um 2 hPa fällt oder in 2 Stunden – das ist in der Meteorologie die zentrale Frage.
Wie ist das zu verstehen?
Stellen Sie sich vor, Sie fahren in einem Bus auf der Autobahn und haben die Augen geschlossen. So ist es nicht möglich, eine Aussage über die Geschwindigkeit zu machen. Egal, welche Geschwindigkeit der Fahrer einhält, Sie spüren nichts. Das wird schnell anders, wenn die Geschwindigkeit verändert wird, sei es durch Bremsen, Gasgeben oder eine Kurvenfahrt. Je größer eine solche Veränderung ist, desto heftiger sind auch die Auswirkungen. – Genauso ist es mit dem Luftdruck.

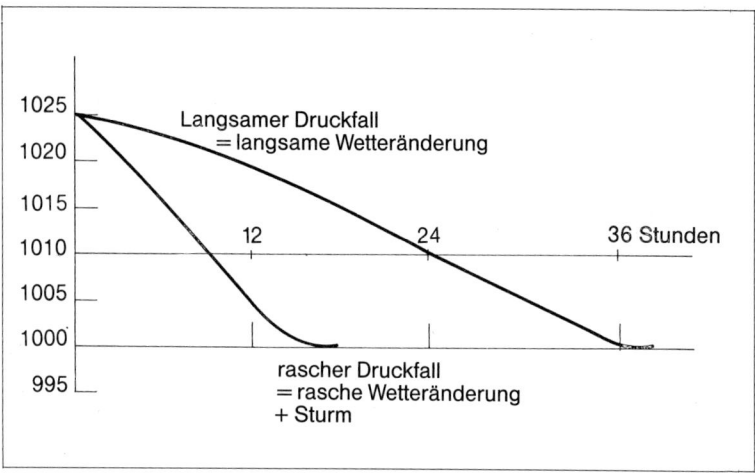

Der Luftdruckwert an sich ist bedeutungslos. Seine zeitliche Änderung macht das Wetter.

Der Luftdruck als Wettermacher

Merke:
Ändert sich der Luftdruck langsam, ändert sich auch das Wetter langsam.
Ändert sich der Luftdruck rasch, ändert sich auch das Wetter rasch.
Ändert sich der Luftdruck nicht, bleibt das Wetter konstant oder es ändert sich langsam.
Leider: Wenn der Luftdruck sich nicht ändert, heißt das nicht, daß sich das Wetter auch nicht ändert.

Das Wetter kann bei gleichbleibendem Luftdruck ebenfalls gleich bleiben, es kann sich aber auch leicht ändern. Fahren Sie einmal auf der Isobare um das Hoch herum und schauen Sie sich die unterschiedlichen Wettermeldungen genau an. Alles bei ein und demselben Luftdruck.

Der Luftdruck hat Ebbe und Flut

Ganz genau wie die Meere und Ozeane hat die Atmosphäre der Erde auch Ebbe und Flut. Nur haben wir es hier mit einfachen „Tidenströmungen" zu tun, denn die atmosphärischen Winde haben nicht im entferntesten solche Hindernisse zu überwinden wie die Meeresströmungen, die sich um jede Insel und jeden Kontinent herumquälen müssen. Dieser atmosphärische Tidenhub erzeugt eine fast sinusförmige Tidenwelle, die mit einer Periode von 12 Stunden pausenlos um die Erde läuft. Das erste Hochwasser ist dabei um 0945 Uhr Ortszeit, das zweite dann 12 Stunden später, also 2145 Uhr. Dazwischen liegen die beiden Ebben, um 1545 Uhr und um 0345 Uhr morgens. Dieses Auf und Ab der Lufthülle ist immer da, aber seine Ursachen sind selbst im Jahr 1991 noch nicht restlos geklärt. Diese periodischen Schwankungen des Luftdrucks erzeugen keine Wetteraktivität, aber ihr Ausbleiben weist auf eine Wetterveränderung hin.

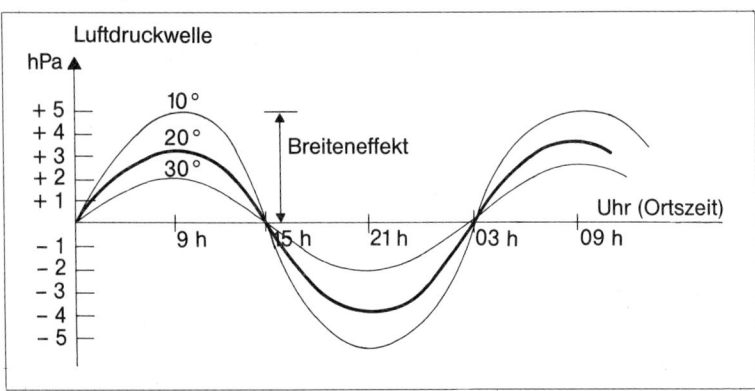

Auch die Erdatmosphäre hat Ebbe und Flut.

Größenordnung der atmosphärischen Tide

Der Tidenhub ist abhängig von der geografischen Breite. In nördlichen Breiten liegt er unterhalb der Anzeigegenauigkeit der üblichen Barometer und Barographen, kann daher getrost vernachlässigt werden. Die periodische Schwankung des atmosphärischen Luftdrucks nennen wir Tagesgang. Diese regelmäßige Druckwelle ist bereits in den Subtropen so deutlich ausgeprägt, daß sie von allen guten Meßgeräten erfaßt wird. Billige beziehungsweise schlechte Meßgeräte schaffen das selbstverständlich nicht.

Der Tidenhub der Atmosphäre:

Geografische Breite	Amplitude der Tageswelle
90 Grad bis 60 Grad	+/− (0 − 0,5) hPa
60 Grad bis 50 Grad	+/− (0,5 − 0,8) hPa
50 Grad bis 30 Grad	+/− (0,8 − 1,5) hPa
Tropenzone	+/− (3,0 − 5,0) hPa

Natürlich kann man nur mit einem schreibenden Barometer, also einem Barographen oder Baroscope, die Tageswelle des Luftdrucks überwachen. Das beste Barometer der Welt wäre hierfür nicht geeignet.

Wettervorhersageregeln leiten sich aus der atmosphärischen Tide ab

Regel 1: Solange der Tagesgang des Luftdrucks ungestört abläuft, gibt es keine Wetterveränderungen.

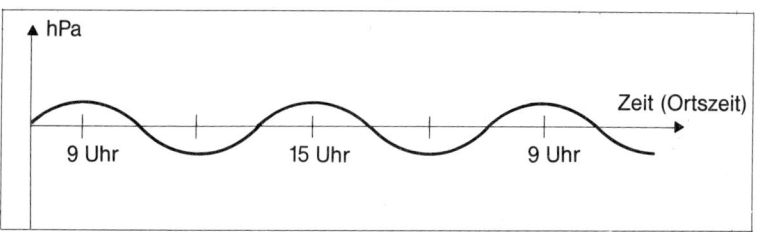

Ungestörter Tagesgang.

Der Luftdruck hat Ebbe und Flut

Regel 2: Ist dem ungestörten Tagesgang ein gleichmäßiger Fall überlagert, so fährt man entweder aus einem Hochdruckgebiet heraus, oder das Hoch schwächt sich langsam ab.
Folge: Es stellt sich ganz allmählich eine andere Wetterlage ein, das heißt, es wird schlechter.

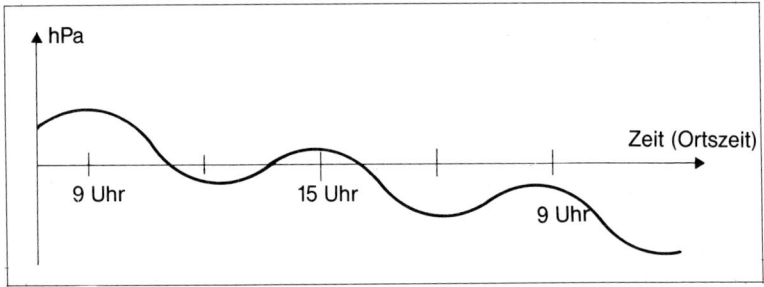

Gestörter Tagesgang, ein Hoch kommt.

Regel 3: Ist dem ungestörten Tagesgang ein gleichmäßiger Luftdruckanstieg überlagert, so fährt man entweder in ein Hochdruckgebiet hinein, oder es zieht selbst langsam heran.
Folge: Es stellt sich allmählich eine Wetterverbesserung ein.

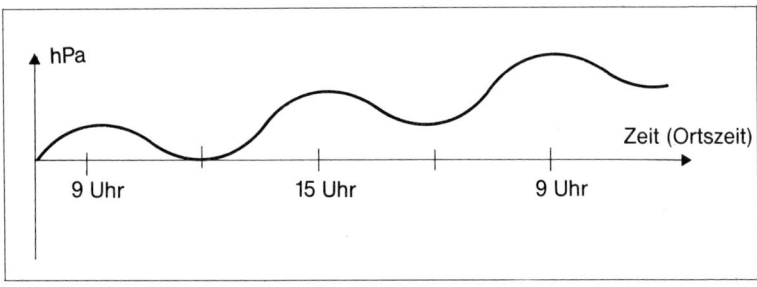

Gestörter Tagesgang, ein Tief kommt.

Diese Trendbewertung ermöglicht aber keine Rückschlüsse auf die Windstärke, sofern das Schiff in Fahrt ist. Denn in diesem Fall registriert das Meßgerät nicht nur die Luftdruckveränderung aufgrund der Wetterumstellung, sondern ebenfalls die Druckänderung aufgrund der Ortsveränderung (sprich: Fahrt) des Schiffes. Das Meßgerät für Luftdruck kann nur Ergebnisse messen, ohne zu berücksichtigen, wie sie zustande kommen.

Die Zusammenfassung der bisherigen Wetterregeln lautet:

Die Auswertung der täglichen Luftdruckkurve ist sowohl in den Subtropen als auch den direkten Tropenrevieren die einzige verläßliche Methode, das Wetter von morgen in den Griff zu bekommen. Wenn der Luftdruck vom Tagesgang abweicht, verändert sich das Wetter mit Sicherheit.

Tropopause und Inversion

Daß Luft mehr als *NICHTS* ist, darüber sind wir uns sicher schon einig. Eingangs habe ich bereits erläutert, daß der Luftdruck eigentlich keine Obergrenze hat, weil er zum Weltall hin fließend immer weniger wird. Trotzdem müssen wir uns mit einer Grenze in der Atmosphäre befassen, die entscheidenden Einfluß auf unser Wettergeschehen hat. Sie wird **Tropopause** genannt. Wenn wir die Erdatmosphäre einmal mit einem Haus vergleichen, dann wäre die Erdoberfläche sozusagen der Teppich im Erdge-

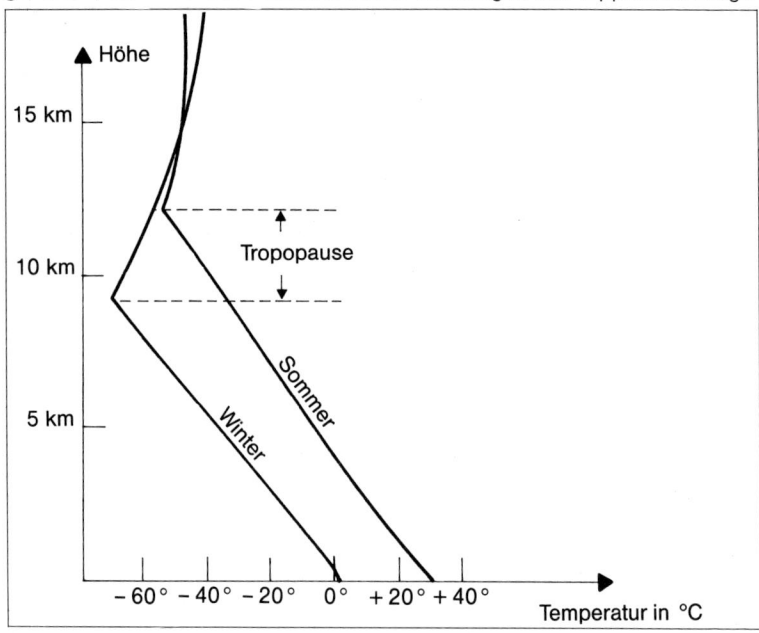

Schnitt der Atmosphäre mit Temperaturgradient (gültig für etwa 45° Breite). Die Tropopause sinkt im Winter ab und ist stärker ausgeprägt als im Sommerhalbjahr.

Tropopause und Inversion

schoß. Wolken und Wetter, die sich über uns abspielen, haben dann als Oberrand die Tropopause, die wie eine Geschoßdecke wirkt. Sowohl von der Erde aus als auch vom Flugzeug erkennt man die Existenz dieser Sperrschicht manchmal ganz deutlich. Die großen Cumuluswolken sind es einerseits, denn sie reichen manchmal bis zur Tropopause und stoßen scheinbar wie Zigarrenrauch an eine undurchdringliche Decke (Cumulonimbuswolke mit Amboß).

Zum anderen ist beim Flug in großen Höhen die Tropopause indirekt zu sehen, wenn nämlich die schleierartige Wolkenschicht abrupt verlassen wird und darüber das blaue Weltall ungetrübt strahlt. Der Übergang von den höchsten Cirruswolken aus der Troposphäre in die Stratosphäre, die keine Wolken kennt, erfolgt in Sekunden.

Diese Sperrschicht selbst ist nicht sichtbar, sondern nur meßbar. Man nennt sie

Inversion.

Erinnern sie sich, daß die Temperatur der Luft vom Erdboden an pro einhundert Meter aufwärts um ein Grad abnimmt. Das gilt jedenfalls für stabile Verhältnisse in der Atmosphäre. An dieser Sperrschicht passiert es nun, daß hier die Temperatur plötzlich zunimmt. Das bedeutet, daß jedes Luftteilchen, das von unten aufsteigt, immer kälter ist als die Luft oberhalb der Inversion. Daher ist also diese Luft auch schwerer und sinkt demzufolge sofort wieder abwärts, bis sie eine Luftschicht gefunden hat, bei der sie gleiche Verhältnisse antrifft – wo sie sich also stabilisiert.

Diese Inversion sperrt also nahezu jeglichen Luftaustausch, denn nur in einem Ausnahmefall ist es möglich, daß Luft, die von unten aufwärtsstößt, auch dauerhaft diese Sperrschicht durchdringt: Es muß eine völlig überhitzte Luftmasse sein, die am Erdboden derart überhitzt wurde, daß sie am Oberrand der Wetterschicht immer noch wärmer ist als die umgebende Luft. Diese Verhältnisse treffen wir in tropischen Gewittern tatsächlich an.

Das irdische Wetter spielt sich also in dem untersten Stock des atmosphärischen Gebäudes ab. Die Höhe der Obergrenze variiert mit der Jahreszeit und ist von der geografischen Breite abhängig. Dahinter verbirgt sich die Erkenntnis von Gay-Lussac, die wir als Grundgesetz der Physik

Tropopause und Inversion

bereits erläutert haben. Wird die Luftmasse der Troposphäre erwärmt, dehnt sie sich aus und hebt sozusagen die „Decke" – sprich: Tropopause – an. Eine andere Möglichkeit der Ausdehnung als nach oben ist ja für die Luft nicht möglich. Bei einer Abkühlung sinkt natürlich die Tropopause entsprechend ab.

Man kann sich sicher leicht vorstellen, daß eine solche intensive und lebhafte Sperrschicht in der Atmosphäre nicht einfach so – ohne Konsequenzen – existieren kann.

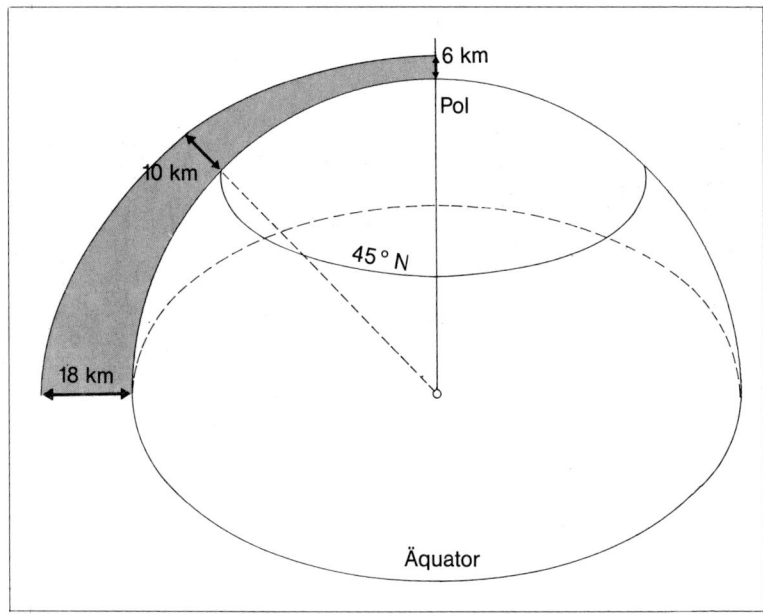

Die Höhe der Tropopause

	Sommer	Winter
Polregion	9 km	6 km
Mittlere Breiten	12 km	8 km
Tropen	18 km	16 km

Tropopause und Inversion

Einige Folgen sind zum Beispiel starke Turbulenzen unterhalb der Inversion, im Flugzeug ist dies unangenehm spürbar. Lenken wir unser Augenmerk jetzt einmal auf einen Bereich der Troposphäre, im dem bekanntermaßen „viel Wirbel" ist. Ich meine die gemäßigten Breiten, in denen die Luftmassen vom arktischen Raum sich mit denen aus den Tropen treffen. Der Kampf der unterschiedlichen Luftmassen läßt Wetterfronten und Tiefs entstehen. Wie sieht es eigentlich darüber aus?
Nun, am Oberrand der Troposphäre geht es noch viel turbulenter zu als am Erdboden. Stellen Sie sich einmal die beiden klassischen Luftmassen nebeneinander vor: Die geschrumpfte Kaltluft hat eine Höhe von etwa 6 km bis zum Oberrand (Tropopause). Die tropische Warmluft hat sich durch Erhitzen auf etwa 16 km nach oben aufgewölbt. Diese beiden Luftmassen „stehen" nun fast bildlich gesprochen unmittelbar nebeneinander – ohne Trennwand. Dieser Zustand ist völlig instabil, und die Gesetze der Physik fordern den Zusammenbruch dieses Ereignisses. Die unterschiedlichen Tropopausenhöhen gleichen sich mit einem dramatischen Szenario aus: Es weht ein Wind bis zur Einhundertfachen Stärke des Orkanes! Dieses Starkwindfeld entsteht durch den unterschiedlichen Energiegehalt der beiden aufeinandertreffenden Luftmassen.

Der Jetstream macht die Tiefs

Diese Zone höchster Windgeschwindigkeiten wurde erst in den 40er Jahren entdeckt, als die amerikanische Bomberflotte auf dem Weg nach Japan wieder zurückkehren mußte, weil der Sprit zur Neige ging – ohne daß man die berechneten Ziele je gesehen hatte. Die ersten Stratosphärenbomber standen tatsächlich über Grund still – daß die Navigatoren am verzweifeln waren, kann man sich gut vorstellen. Später erhielt der Verursacher einen verdienten Namen: **Jetstream** (= Strahlstrom). Der Jetstream erreicht Rekordwerte bis zu 400 Knoten, über Europa werden Werte von 150 bis 200 Knoten erreicht, wobei die höchsten Werte jeweils im Winterhalbjahr auftreten, weil hier die Temperaturdifferenzen in der Atmosphäre am größten sind. Welche Bedeutung hat nun dieses gewaltige Sturmband, das sich ständig um die Erde windet, für unser Wetter?

Sehr theoretische Berechnungen zeigen, daß der Jetstream eine gewisse Ordnungsfunktion in unserer Atmosphäre ausübt. Er entsteht dort, wo Luftmassen völlig unterschiedlicher Art aufeinander prallen. Der Jet gleicht das Energiegefälle aus, das zwangsläufig damit einhergeht. Auf eine mit unserem Verstand nicht mehr greifbare Art wirkt er dabei sogar bis auf den Erdboden herab. Selbst hier gleicht er die unterschiedlichen Luftmassen aus. Wie das im Detail geht, ist nur mit mathematischen Gleichungen zu beschreiben, die dazu noch sehr sehr abstrakt sind.

Um seine Wirkung aber doch veranschaulichen zu können, habe ich eine modellhafte Vorstellung vom großen „atmosphärischen Staubsauger" entwickelt, der uns das Wirken der komplizierten Gleichungen demonstriert.

Der Jetstream macht die Tiefs

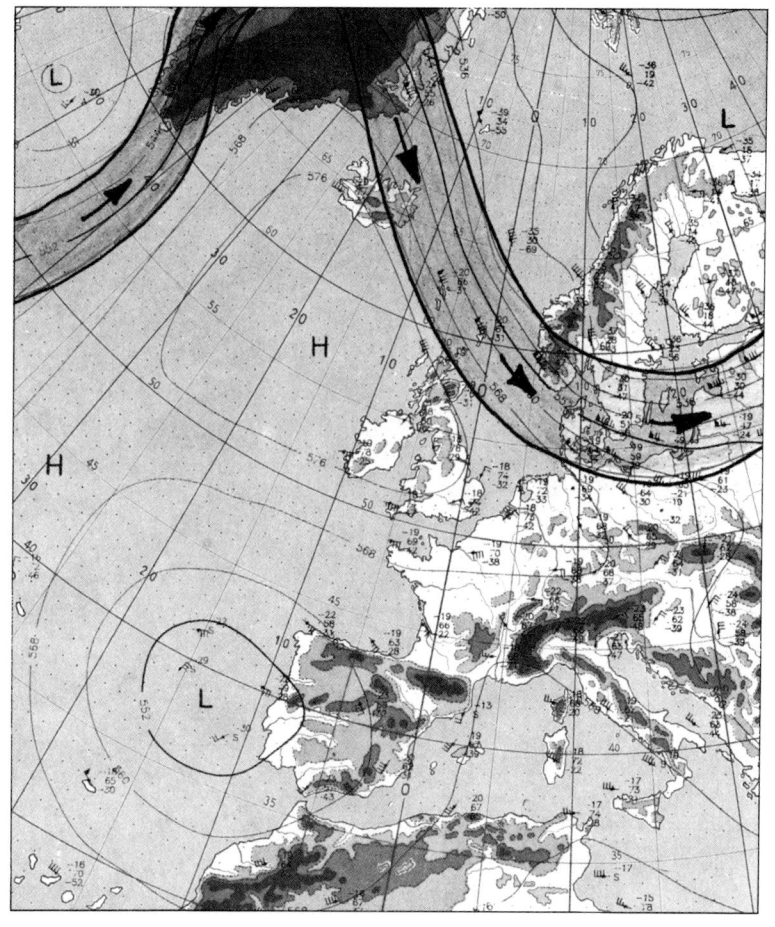

Wetterkarte mit Jetstream
Diese Höhenwetterkarte zeigt die Luftströmung in 6 km Höhe. Ein Jetstream weht vom Atlantik über Grönland nach Europa und bestimmt das Wetter. Über Südnorwegen beispielsweise weht der Jetstream mit 130 Knoten.

Der Jetstream macht die Tiefs

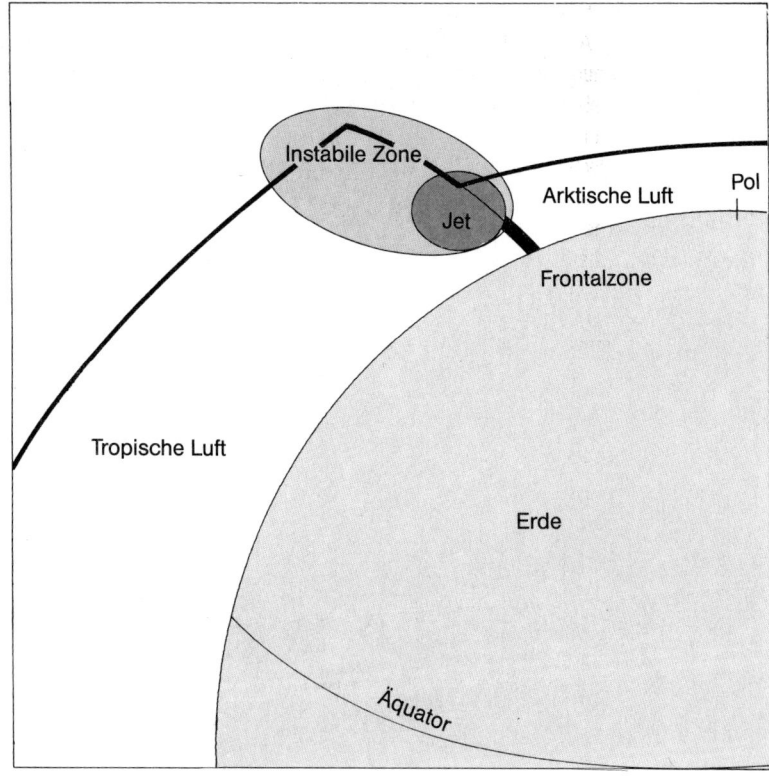

Die beiden Hauptluftmassen haben unterschiedliche Energiegehalte und teilweise extrem unterschiedliche Tropopausenhöhen. Der Jetstream schafft den Ausgleich der Instabilität herbei.

Der Jetstream macht die Tiefs

Stellen sie sich einen gigantischen Staubsauger vor, der natürlich unsichtbar ist. An der Grenze zwischen Polarluft und Tropikluft zieht dieser Staubsauger seine Bahn, gekoppelt an den Jetstream, der ihn steuert. Jetzt geben wir diesem Staubsauger noch einige Eigenschaften:
- er kann sich langsam oder auch schnell mit dem Jet bewegen;
- er kann zeitweilig aus der Bahn des Jet ausscheren;
- er kann hier und da stehenbleiben, auch wenn der Jet kräftig bläst;
- er kann seine Saugleistung verändern, sogar abschalten.

Diese Eigenschaften haben verschiedene Auswirkungen auf Luftdruck und Wetter bei uns unten auf der Erde, daher ist diese Betrachtung wichtig.

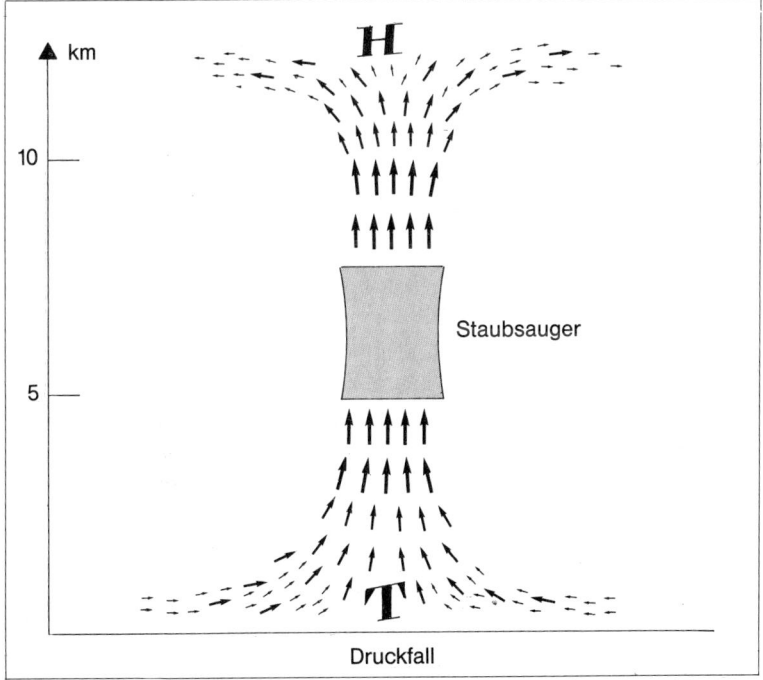

Großräumige Anhebung der Luft führt zur Bildung tieferen Luftdrucks am Boden.

Es ist einsichtig, daß der atmosphärische Staubsauger große Wirkung erzielen kann, wenn er an einem Ort längere Zeit stehen bleibt. Das Ergebnis ist ein gewaltiges Absaugen der darunterliegenden Luft. Am Boden fällt der Luftdruck an dieser Stelle. Wirkt der Sauger nur kurz, so wird der Luftdruck nur wenig abfallen. Das Stichwort, das hier benötigt wird, ist einmal wieder die Massenträgheit. Denn, wenn wir uns vor Augen halten, welche Luftmassen solch ein Staubsauger bewegt, wird klar, daß diese physikalische Größe bei der Veränderung des Luftdrucks eine große Rolle spielt.

An einem Tag hebt der atmosphärische Staubsauger leicht 500000 Kubikkilometer Luft – und zwar mit allen Wolken. Wobei **eine** große Cumuluswolke bereits runde 100 Millionen Tonnen wiegt. Woher nimmt er die Energie? Nun, aus der Energie des Jetstream. Dieser entnimmt sie den unterschiedlichen Luftmassen und diese wiederum haben sie von der Sonnenstrahlung und Verdunstung erhalten. Der Kreis ist zu.

Die Massenträgheit der Luft ist verantwortlich, daß nach dem Saugen des Staubsaugers der Luftdruck überhaupt erst fallen kann. Denn wo etwas weggesaugt wird, strömt es ja von allen Seiten nach, und gleicht das Defizit sofort wieder aus – wenn eben die Massenträgheit nicht wäre. Diese kann wohl nichts verhindern, wohl aber verzögern. Berücksichtigen wir jetzt noch die ungeheuren Luftmengen, die durch den Staubsauger gehoben werden, ist einsichtig, daß die Luft in diesem gigantischen Szenario eine große Trägheit hat.

Es dauert also einige Zeit, bis am Erdboden Luft nachströmt, wenn darüber weggesaugt wurde. So erzeugt der Staubsauger am Erdboden kurzfristig ein Tiefdruckgebiet. Wenn dann irgendwann einmal genauso viel Luft nachströmt, wie nach oben abgesaugt wird, fällt der Luftdruck nicht mehr – er bleibt konstant. Trotzdem arbeitet der Staubsauger kontinuierlich weiter, und es strömt weiter kräftig nach. Sie sehen, ein konstanter Luftdruckwert am Boden sagt überhaupt nichts über das Wetter in der Atmosphäre aus. Noch weniger läßt sich daraus ableiten, daß die Atmosphäre in Ruhe sei.

Der Motor für großräumige Vertikalbewegung in unseren Breiten, wo die klassischen Tiefdruckgebiete entstehen, ist der Jet. Er kann mit einer

Reihe beeindruckender Daten aufweisen: Seine Länge beträgt üblicherweise einige Tausend Kilometer, breit ist er dagegen nicht mehr als einige Hundert Kilometer. Auffällig ist seine äußerst geringe vertikale Ausdehnung – es sind nur wenige Kilometer. Auf Satellitenbildern zieht er sich manchmal um die halbe Erde, sichtbar allerdings nur indirekt durch scharf begrenzte Cirrusbänder.

Um sich seine Windgeschwindigkeiten zu vergegenwärtigen, lohnt es sich, sie mit der Definition für Orkan zu vergleichen, der ist nämlich definiert ab 64 kn.

Auf jeder Halbkugel der Erde gibt es Jets. Genaugenommen haben wir sogar zwei verschiedene Jets auf jeder Halbkugel. Es sind der **Polarjet** und der **Subtropenjet**. Der Polarjet bildet sich an der Luftmassengrenze zwischen Tropikluft und Polarluft. Diese Grenze ist es ja, die die gemäßigten Breiten der Westwinde ausmacht. Hier wechseln sich Tröge und Keile wechselweise ab und mäandrieren um die Hemisphäre. Die Höhenkarten zeigen diese wellende Luftmassengrenze, an der sich die Tiefs bilden.

Der Jet weht genau wie der vorherrschende Boden- und Höhenwind stets von West nach Ost. Auf seiner linken Seite liegt immer die polare Kaltluft, auf seiner rechten Seite liegen die subtropischen Hochdruckgebiete, wie zum Beispiel das *Azorenhoch.*

Der Subtropenjet verhält sich sehr beständig, er ist eigentlich immer anzutreffen, und verändert seine Lage äußerst langsam. Seine klassische Lage befindet sich einmal rund über dem subtropischen Hochdruckgürtel. Für die Nordhemisphäre heißt das: Bermuda – Kanaren – Nordafrika – Persischer Golf – Indien – Südchina – Pazifik – Kalifornien.

Drei Erkenntnisse lassen sich aus dem soeben Gesagten ableiten:

– Da es über den Subtropen einen Jet gibt, kann es hier auch Tiefdruckgebiete geben, also das was wir als stürmisches Schlechtwetter bezeichnen.
– Da der Jet gegenüber seinem nördlichen Bruder aber beständig – und ziemlich geradlinig verläuft, hat er selten Auswirkung auf das

Der Jetstream macht die Tiefs

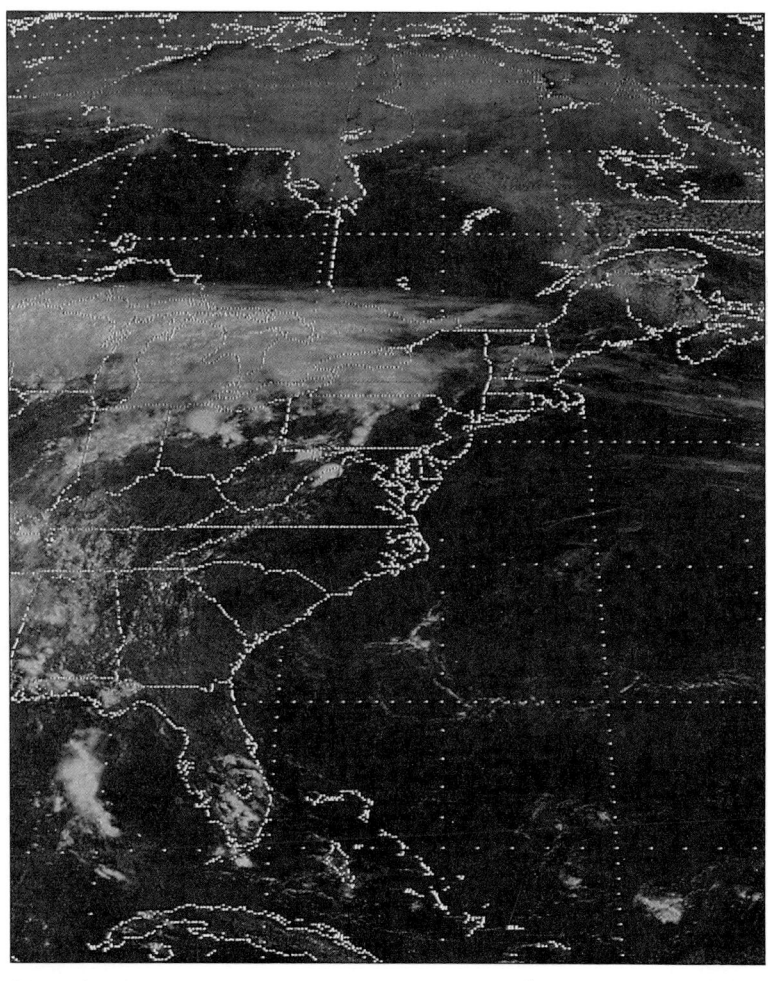

Dieses Satellitenbild reicht von Kuba bis nach Kanada. Über Kanada verläuft eine scharf markierte Wolkengrenze von West nach Ost – der Jetstream. Über dem Atlantik schwächt er sich sichtbar ab.

Wetter drunten am Erdboden. Man bedenke, welche Eigenschaften wir dem Atmosphärischen Staubsauger zuerkannt hatten.
- Wenn aber einmal der Subtropenjet etwas durcheinander gerät, und durch Hebung der Luftmasse unter, beziehungsweise neben ihm ein Tief erzeugt, dann wird dieses erstens sehr langsam ziehen, und zweitens, sich nur langsam wieder auflösen. Kurz gesagt: Wetterstörungen in den Subtropen sind zwar recht selten im Vergleich zu Europa, aber wenn sie einmal auftreten, dann sind sie heftig und halten an.

Wann fällt der Luftdruck?
Wenn und solange an einem Ort der Staubsauger ständig mehr Luft wegsaugt, als nachströmen kann.

Wann steigt der Luftdruck?
Hier gibt es zwei Möglichkeiten. Stellen sie sich vor, der Staubsauger wird abrupt abgeschaltet. Die Trägheit der Luftmassen bewirkt, daß das Nachströmen am Erdboden noch etwas erhalten bleibt. Wie Wasser in einer Wanne schwappt dann die Luft langsam aus. Das Ergebnis für uns ist ein kurzer Zwischenhocheinfluß.

Möglichkeit zwei klingt etwas spektakulär, funktioniert aber täglich in unserer Atmosphäre: Der Staubsauger polt sich um und bläst die Luft abwärts, statt sie aufzusaugen. Das Ergebnis ist ein dickes Hochdruckgebiet am Erdboden.

An dieser einfachen Modellvorstellung wird deutlich, daß die Ursachen für das, was wir Wetter nennen, alle ganz oben im Jetstream liegen. Als Folge davon messen wir am Erdboden Luftdruckänderungen und beobachten Wettererscheinungen, die durch die Hebung der Luft verursacht werden.

Der Jetstream macht die Tiefs

Die vier Karten befassen sich mit dem Phänomen des atmosphärischen Staubsaugers. Ausgehend vom 25. Januar, folgen Vorausberechnungen von 24, 48 und 72 Stunden. Die dicke Linie 552 ist die „Rennbahn" des Staubsaugers, die Zugrichtung stets von West nach Ost.

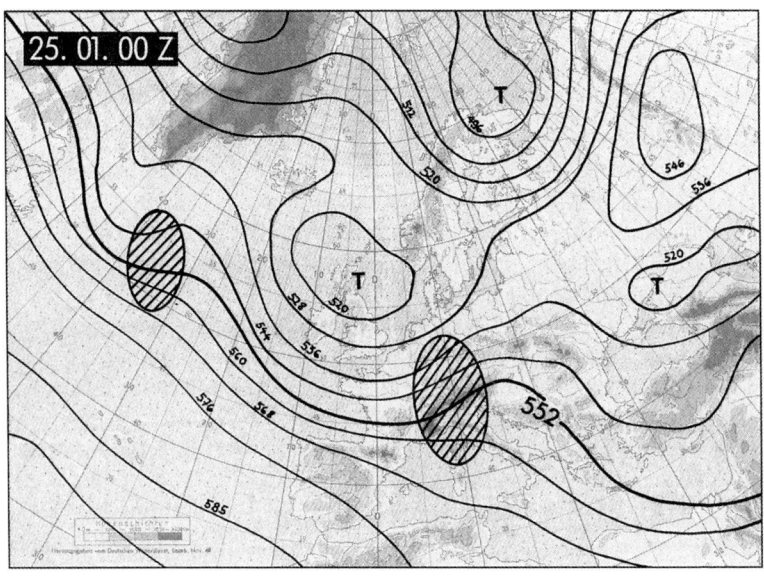

25.01.: Hier sind zwei Gebiete schraffiert, wo der Staubsauger angehalten wird und kräftig ansaugt. Es entstehen Tiefs. Immer dort, wo die „Rennbahn" stark wellt, bleibt der Staubsauger stehen.

Der Jetstream macht die Tiefs

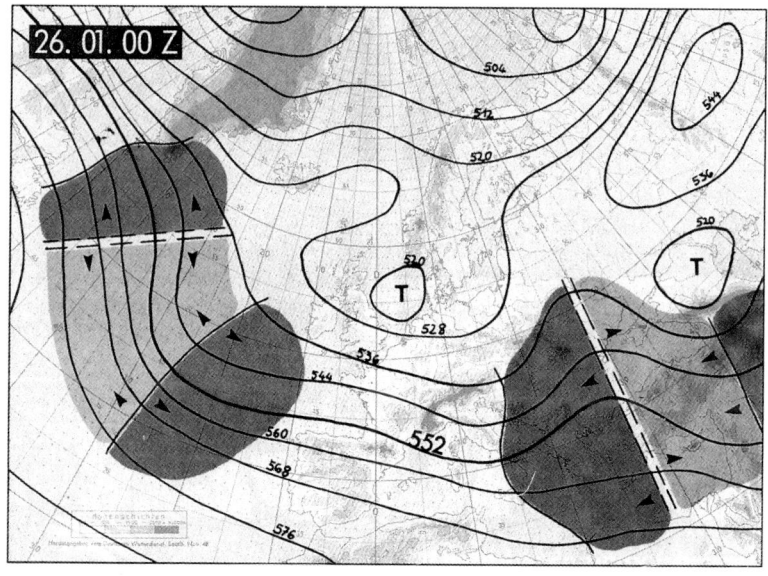

26.01.: Beult die Rennbahn nach Süden, nennen wir es Trog, beult sie nach Norden, heißt es Keil. Der Trog hat vor seiner Halbierachse (in Fahrtrichtung gesehen) ungünstige Auswirkungen – schlechtes Wetter am Boden. Der Keil schiebt gutes Wetter vor sich her.

Der Jetstream macht die Tiefs

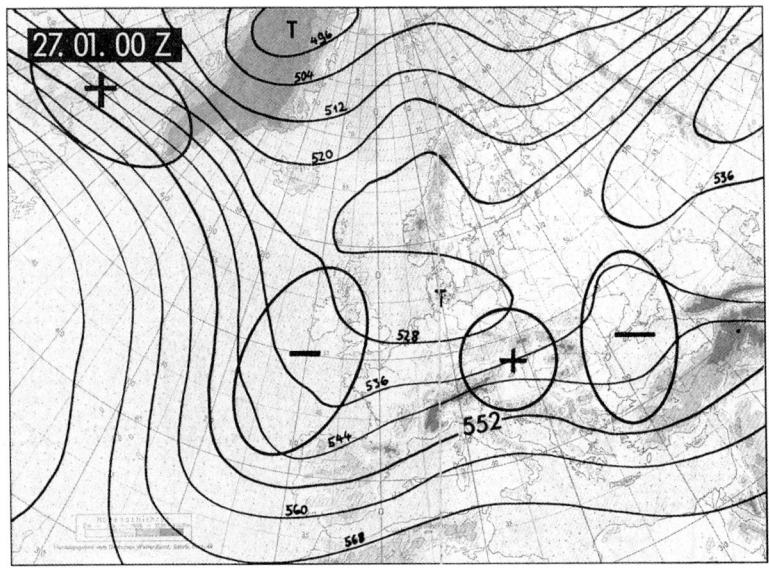

27.01.: Hier ist der Faktor Geschwindigkeit des Staubsaugers skizziert. Mit + bezeichnete Gebiete beschleunigen die Fahrt, – bedeutet, daß der Staubsauger angehalten wird.

So macht der Jetstream unser Wetter:
– Wo der Staubsauger nicht entlangzieht, kann auch kein Tief entstehen.
– Wo der Staubsauger nicht richtig anhält, kann auch kein richtiges Tief entstehen, es entstehen nur Randtiefs, Wellen.
– Wo der Staubsauger richtig anhält und saugt, entstehen richtige Tiefs und auch Sturmtiefs.
– Wenn der Staubsauger weiterzieht, nimmt er das Tief am Erdboden mit. Tiefs verlagern sich also durch Steuerung des Jetstream.
– Wenn ein Tief aus der Bahn des Jet ausschert, stirbt es ab, das heißt, es füllt sich auf, weil es keinen Kontakt mehr zu seinem Energiespender hat.

Der Jetstream macht die Tiefs

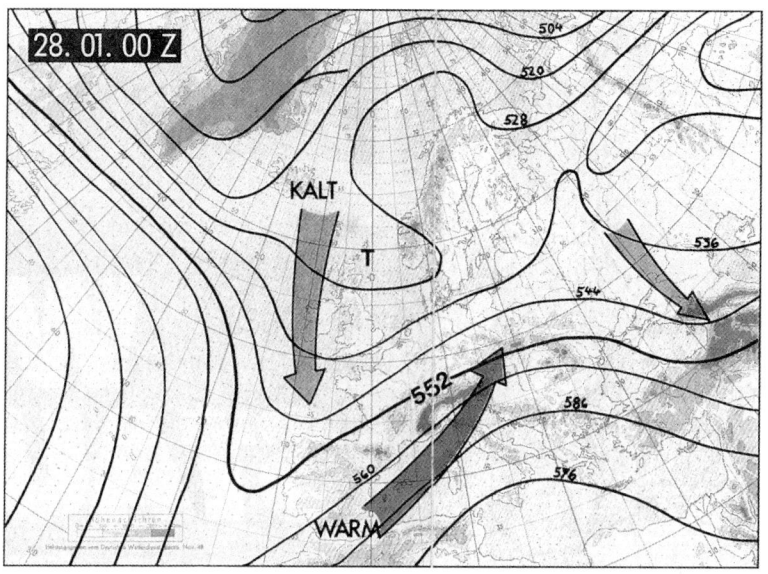

28.01.: **Tröge** sind **Kaltluftvorstöße**, **Keile** sind Gebiete, die von **Warmluft** beherrscht werden.

Der Luftdruck in der Wetterkarte

Der wesentliche Bestandteil einer jeden Wetterkarte ist die Darstellung der Luftdruckverteilung. Der aufmerksame Leser wird schon gefragt haben, warum denn die Meteorologen den Luftdruck so sorgfältig in allen Karten darstellen, wenn doch dieser Wert mit dem Wetter rein gar nichts zu tun hat. Die Frage ist berechtigt, und sie soll eine befriedigende Antwort finden.

Es geht um die Luftdruckverteilung, also die Frage nach dem Zustand der Atmosphäre zu einer bestimmten Zeit. Gemessen und beobachtet wird dieser Zustand am Erdboden und zwar *synoptisch,* wie die Meteorologen sagen, will meinen: gleichzeitig. Daher nennt man die uns so vertrauten Karten auch Synoptische Wetterkarten.

Die Meteorologen in den Wetterämtern erhalten also von den Fernmelderechnern Datenkarten. Diese enthalten alle Meßwerte. Daraus fertigt sich der Meteorologe eigentlich nur eine handliche Übersicht, indem er alle Orte, die gleichen Luftdruck aufweisen, mit einer Linie verbindet. Da es nun wiederum äußerst unübersichtlich wäre, für jedes Hektopascal eine eigene Linie zu ziehen, erhalten nur alle durch fünf teilbaren Zahlenwerte eine eigene Linie (z. B.: 1020, 1025, 1030, etc.).

Das Ergebnis dieser Mühe ist offenkundig: Jetzt sieht man deutlich, wo Hoch und Tief liegen. Indem alle Orte mit gleichem Schlechtwetter gesucht werden, findet man die Wetterfronten, die ebenfalls zur besseren Erkennbarkeit mit einer Linie markiert werden. Voila! Die Wetterkarte ist fertig. Sie enthält zwar nicht mehr Daten als vorher, sie ist jetzt aber leicht lesbar aufgearbeitet.

Der Luftdruck in der Wetterkarte

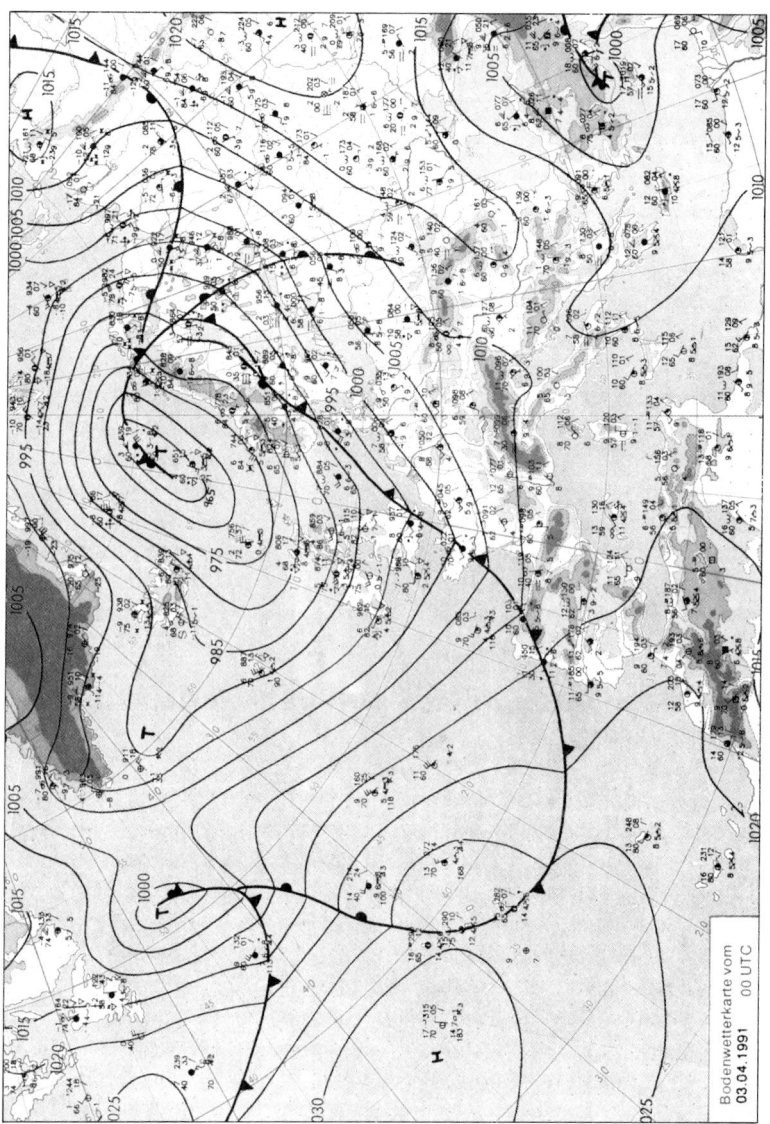

Eine Wetterkarte von heute enthält Tausende von Detailinformationen; Hochs, Tiefs und Fronten sind eindeutig analysiert.

Die ganze bisherige Mühe des Meteorologen und seiner Computer war darauf abgezielt, den komplexen Wetterzustand Europas zu einer fixen Zeit so gut wie möglich zu verstehen. Denn nur wer das Wetter von gestern verstanden hat, kann sich eine Vorstellung über dessen Entwicklung bis morgen machen. Ohne sorgfältige Analyse gibt es keine verläßliche Prognose.

Mit der synoptischen Wetteranalyse ist eine Vorhersage im Sinne einer Extrapolierung wohl für einige Stunden möglich. Man sagt sich dann, „alles geht weiter wie bisher". Es ist klar, daß diese grobe Vereinfachung der Natur über kurz oder lang zu absurden Prognosen führt. Wenn die Natur so einfach strukturiert wäre, hätten wir sicher 100%ige Vorhersagen.

Für alle Prognosen, die über einen Zeitraum von 24 Stunden hinausgehen, ist der Computer der bessere Partner. Dieser produziert Wettervorhersagekarten — ein etwas anderer Typ als die Wetteranalysekarte, wir kommen noch darauf zurück.

Die Verschlüsselung der Luftdruckwerte in der Wetterkarte

Das Einzeichnen der weltweit gewonnenen Luftdruckwerte in eine Wetterkarte geschieht mit international einheitlichen Symbolen. Wer eine Wetterkarte lesen gelernt hat, versteht alle auf der Welt. Nun werden aber nicht die Ortsnamen der Städte verwendet, an denen die Meßwerte gewonnen wurden, sondern Schlüsselzahlen. Auch diese sind weltweit einheitlich. Der Fernmelderechner zeichnet automatisch alle zu einer Wetterbeobachtung gehörenden Symbole und Schlüsselzahlen an den richtigen Ort. Dieser ist durch einen Kreis um den Ort gekennzeichnet, den sogenannten Stationskreis.

Die Menge der Bewölkung wird einfach in den Kreis gemalt, die Windrichtung durch einen Strich an den Kreis symbolisiert. Wenn am Ende des Windstrichs dann noch die Windstärke angetragen ist, nennt man das anschaulich auch den „Windpfeil". Der gemessene aktuelle Luft-

Die Verschlüsselung der Luftdruckwerte in der Wetterkarte

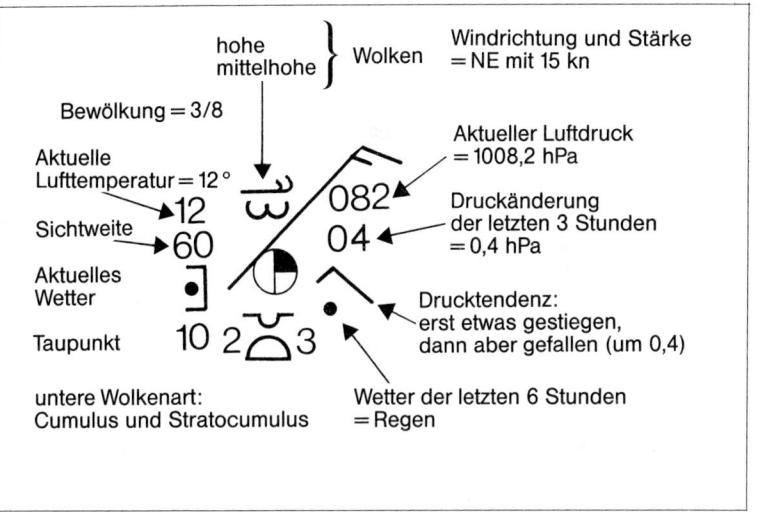

*Das Stationsmodell**
In allen Wetterkarten wird weltweit dieselbe Symbolsprache verwendet. Man braucht längst nicht alle Symbole und Zahlencodes zu kennen. Wichtig für den „Hausgebrauch" sind, je nach Wetterlage, immer nur einzelne Wetterelemente.

druckwert steht rechts oben neben dem Stationskreis. Zur Verringerung von Sendezeiten spart man überflüssige Zahlen, wie zum Beispiel die erste Ziffer des Druckwertes. Statt 1033,5 hPa heißt es in der Karte nur 335 – das übrige denkt man sich einfach.

Unter dem leicht „verstümmelten" Luftdruckwert steht dann der Betrag, um den sich der Luftdruck in den letzten drei Stunden geändert hat. Man müßte sonst für jeden interessanten Wert in der Vorkarte nachsehen und die Differenz bilden. Da die Luftdrucktendenz einen ungeheuer wichtigen Informationswert darstellt, wird sie einerseits als Zahl und andererseits

---

* Wer sich eingehender damit vertraut machen möchte, dem empfiehlt sich das Buch „Das Wetter von morgen" von Dieter Karnetzki, erschienen bei Delius Klasing, Bielefeld.

Der Luftdruck in der Wetterkarte

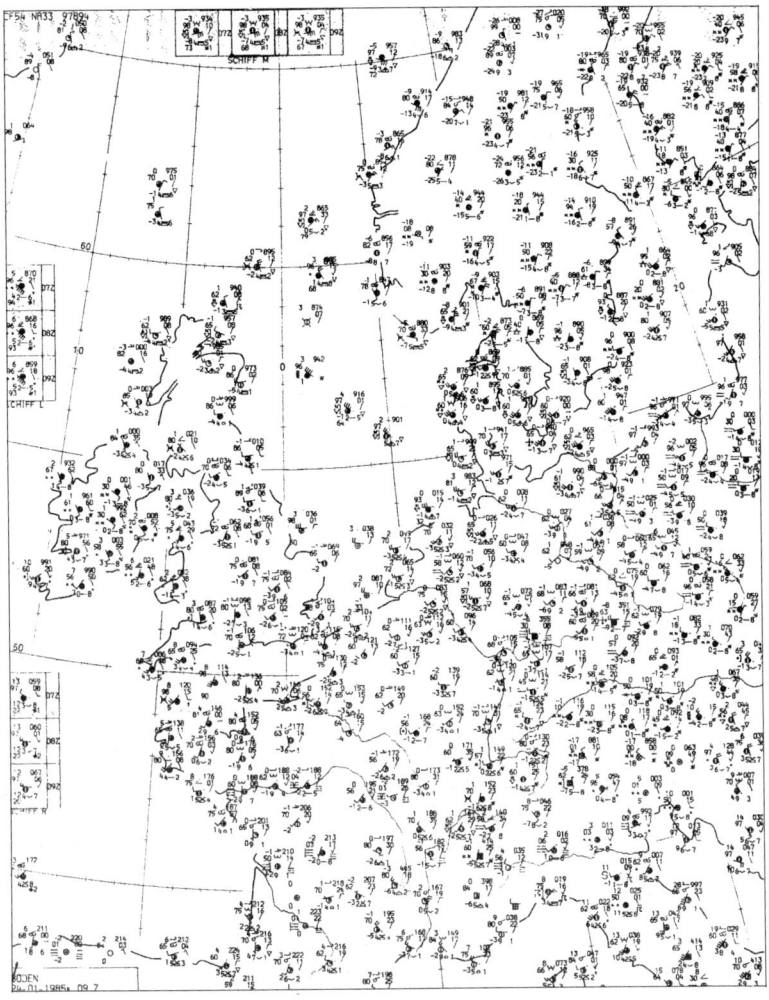

So sieht die „Arbeitskarte" der Meteorologen aus. Sie enthält nur Stationsmeldungen. Die Isobaren, die Fronten, Hoch und Tief zeichnet der Meteorologe nach den Meldewerten ein.

zusätzlich noch mit einem Symbol angegeben, damit man sofort beim Betrachten der Wetterkarte sieht, ob und wie der Luftdruck gestiegen oder gefallen ist.
Die verschiedenen Wolken in den klassischen drei Stockwerken sind mit Symbolen vertreten. Die unterste Wolkenschicht zeichnet man unter den Stationskreis, die mittelhohen und hohen Wolken sind übereinander oberhalb des Stationskreises angeordnet. Die übrigen Wetterdaten werden links und rechts neben dem Stationskreis angeordnet. Mit diesen Informationen kann man sich bereits einen ersten detaillierten Eindruck von einer ganzen Wetterlage machen, wenn man die einzelnen Stationsmeldungen überfliegt.

Die Höhenwetterkarten

Der Name ist wohl etwas verwirrend, zugegeben. Im englischen heißt es auch passender *„upper air chart"*. Die uns bisher vertrauten Wetterkarten beschrieben das Wetter so, wie es am Erdboden durch die amtlichen Wetterbeobachter ermittelt wurde. Eigentlich sollte solch eine Karte also „Erdbodenwetterkarte" heißen. Dann würde auch *upper air chart* sinnvoll dazu passen. Unter Höhenwetterkarten wollen wir also eine besondere Karte verstehen, die das Wetter in einer bestimmten Höhe über uns beschreibt. Wozu das? Nun, erst einmal sei daran erinnert, daß wir am Erdboden wohl das Wetter beobachten, gemacht wird es aber über uns, unter anderem vom Jetstream. Durch die Fliegerei bis in große Höhen, ist auch ein kommerzielles Interesse an Wetterinformationen aus diesen Regionen gewachsen.
Nicht zuletzt brauchen unsere Vorhersagecomputer natürlichen Wetterdaten aus höheren Luftschichten, denn sie sollen schließlich die wahrscheinliche weitere Entwicklung unseres Wetters vorausberechnen. In den Höhenwetterkarten findet man Angaben über die Lufttemperatur, die Luftfeuchtigkeit, und den Luftdruck, sowie den Höhenwind.
All diese Werte können natürlich nicht vom Erdboden aus gemessen werden. Man bedient sich zu diesem Zweck großer Ballone, die in der

Der Luftdruck in der Wetterkarte

Lage sind, bis über 20 km hoch in die Atmosphäre aufzusteigen. Auf diesem Weg nehmen sie einen Meßgerätesatz mit, und den zugehörigen Meßwertsender.

Eine Bodenstation empfängt laufend während eines „*Aufstiegs*" die Meßdaten, bereitet sie auf und transferiert sie an den Fernmelderechner, so daß sie sofort allen Interessierten in der Welt zur Verfügung stehen. Der Ballon wird übrigens während seines Aufstiegs immer größer, weil der umgebende Luftdruck ja rapide abnimmt. Irgendwann zerplatzt er dabei. Damit die teuren Meßgeräte nicht am Erdboden zerschellen, klinken sie sich rechtzeitig aus und gleiten an einem Fallschirm zu Boden. Man kann solche Geräte eigentlich überall zufällig finden, denn auf der ganzen Erde werden solche Aufstiege alle 12 Stunden gemacht. Einen Finderlohn gibt es nicht, nur Portoersatz für den, der sie zurückschickt. Aber es sei hier gesagt, daß immerhin zwei Drittel aller *Radiosonden* – so heißen diese Geräte – an die Wetterdienste zurückgesendet werden und nach einer Prüfung noch vielfach wieder aufsteigen können.

Die Auswertung der *Höhenwetterdaten* erfolgt automatisch über Rechner und zeigt im Prinzip wieder eine Wetterkarte mit Hoch und Tief. Einige grundlegende Unterschiede müssen aber erläutert werden:
– Höhenkarten haben keine Wetterfronten, unser Datenmaterial reicht nicht aus, um Fronten zu bestimmen.
– Höhenkarten haben keine Stationskreise, weil die Sonden über Wolken keine direkten Angaben machen können.
– Höhenkarten haben keine Isobaren. In den normalen Wetterkarten ist die Erdoberfläche die Bezugsgröße, und man fragt, wie hoch oder tief der Druck an den Stationen ist.

In den Höhenkarten ist der vorgegebene Druckwert die Referenz, und man fragt, in welcher Höhe dieser Wert gemessen wird. Die Linien gleicher Höhe, die der Computer einzeichnet, heißen deshalb Isohypsen. Der Zahlenwert an der Isohypse ist die Höhenangabe.

Höhenkarten sind also direkt vergleichbar mit Landkarten, deren Linien genau vergleichbar zeigen, wie hoch oder tief ein Ort in Bezug auf Normal Null ist. Der Grund für diese Maßnahme hat meteorologische Hintergründe.

Die Höhenwetterkarten

Einige Schlußfolgerungen gestattet die Darstellung der Höhenwetterkarten (siehe auch Seite 40−43).
- Die aktuellen Höhenwinde weisen den Jetstream aus, der, wie bereits gesagt, für die Produktion von Tiefs zuständig ist. Der Verlauf der Isohypsen zeigt die Rennbahn (die Zugrichtung) des Jet, der Abstand ist genau wie bei den Isobaren der Bodenkarte ein Maßstab für die Stärke. Je dichter die Isohypsen zusammenliegen, desto heftiger bläst der Jet und desto größer ist seine Auswirkung auf das Wetter am Erdboden.
- Der Vergleich der Werte für Temperatur und Taupunkt gestattet Auskunft über das Vorhandensein von Wolken. Trockene Luft kann keine Wolken haben.
- Die Höhe der dargestellten Druckfläche (im Beispiel die 500 hPa-Fläche), gibt Auskunft über die Temperatur der ganzen Schicht darunter. Liegt die 500-hPa-Fläche tief, ist die Schicht darunter kalt, denn kalte Luft schrumpft. Ebenso dehnt sich Luft bei Erwärmung aus, und dies zeigt sich dann mit einem Hügel = Hoch in der Höhenkarte.

Der meteorologische Nutzen der Höhenkarten

Aus der Betrachtung der Höhenkarte können wir also ableiten, wo Warmluft und wo Kaltluft lagert. Wenn jetzt noch die Möglichkeit der Vorhersagecomputer genutzt wird, so sind wir in der Lage, die Luftmassen bis zu 7 Tagen im Voraus zu verlagern − sprich: wir sind in der Lage, zu bestimmen, wo − und ob − es wärmer oder kälter wird.
Der Computer berechnet ebenso die Höhenwinde und damit die Bahn des Jet. Wir sind also auch in der Lage, aus der Veränderung des Jet klare Aussagen über das zukünftige Verhalten von vorhandenen Hochs und Tiefs zu machen. Ebenso ist es möglich, daraus Aussagen über die Neuentstehung von Tiefs abzuleiten. Höhenkarten zeigen uns, wie das Wetter künftig wird.

Orkan-Navigation mit dem Luftdruckmesser

Orkane sind tropische Wirbelstürme. Sie treten überall auf der Welt auf, sind aber reine See-Erscheinungen, auch wenn sie immer wieder Küsten und nahes Binnenland verwüsten. Wo es also die schlechteste meteorologische Versorgung auf der Welt gibt – auf See –, treten die gefährlichsten Stürme auf. Sie tragen verschiedene Namen, sind aber aus meteorologischer Sicht völlig identisch.

Deutschland: Orkan
Großbritannien: Hurricane
Asien: Taifun
Australien: Willi-Willi
Amerika: Hurricane

Wer auf den Weltmeeren herumschippert, hat drei Fragen zu diesem Thema:

1. Wie erkenne ich einen Orkan rechtzeitig?
2. Wie vermeide ich den Kontakt mit einem Orkan?
3. Wie verhalte ich mich in einem Orkan?

Zweifellos ist es am angenehmsten, einen Orkan rechtzeitig zu erkennen und Fersengeld zu geben. Ein guter Luftdruckmesser wird hier plötzlich vom treuen Begleiter zum eventuellen Lebensretter.
Nur wer einen Orkan rechtzeitig erkennt, kann ihm auch großzügig ausweichen. Trotzdem muß die meteorologische Vorbereitung noch einen Schritt weitergehen, denn auch Orkane verhalten sich leider nicht immer nach Lehrbuch, vorhergesagt werden sie auch selten rechtzeitig.

Orkan-Navigation mit dem Luftdruckmesser

Wie erkenne ich einen Orkan rechtzeitig?

Lassen Sie mich hier eine Schrift der „*Deutschen Seewarte*" aus dem Jahre 1898 zitieren:

„... Das früheste Merkmal eines noch fernen Orkanes ist ein ungewöhnliches Steigen des Barometers mit einigermaßen anhaltenden, antizyklonischen Winden und trockenem, frischem und schönem Wetter, klarem Himmel und ungewöhnlich durchsichtiger Luft. Wenn der Orkan sich dem Beobachter nähert, sinkt das Barometer langsam. Der bis dahin klare Himmel überzieht sich mit einem zarten Schleier, der sich allmählich verdichtet und Höfe oder weite Ringe um Sonne und Mond erzeugt. Bei Auf- und Untergang der Sonne verfärbt sich der Himmel in feuriges dunkles Rot und Violett. Ist der Schleier schon dichter, so scheint die ganze Atmosphäre in Flammen zu stehen..."

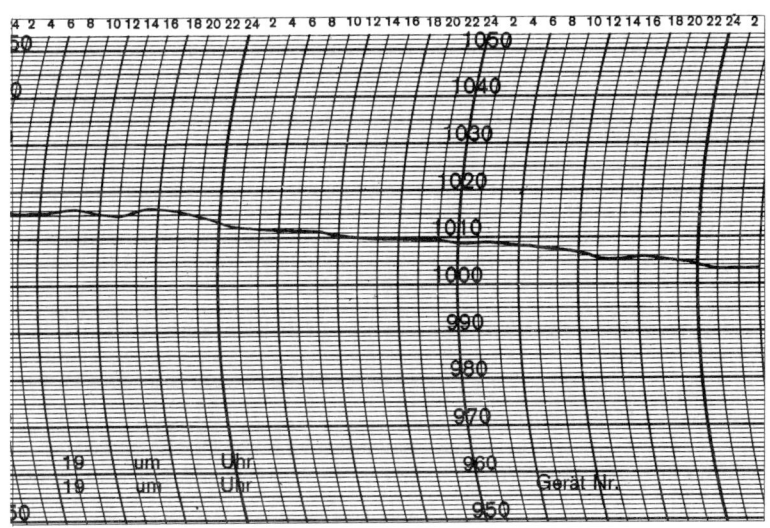

Ein scheinbar harmloser und langsamer Druckfall, wie hier, ist in den Tropen immer das Alarmzeichen für einen nahenden Wirbelsturm.

Orkan-Navigation mit dem Luftdruckmesser

Dieser eindrucksvollen Schilderung haben wir auch rund einhundert Jahre später nichts hinzuzufügen. Der Luftdruckmesser an Bord zeigt also eindeutig die nahe Existenz eines Orkans an.

Die Kennzeichen am Barometer

Hier möchte ich wieder mit dem Zitat aus einer alten, aber unter Insidern doch berühmten Schrift beginnen. Das Buch erschien bereits 1934, sein Verfasser, *Kapitän* S*CHUBART,* nannte es *„Praktische Orkankunde"*. Besser kann auch heute kein Seemann oder Meteorologe den Wert der sorgfältigen Luftdruckmessung schildern:

„... Nirgends besser als beim Sturm erweist sich das Barometer als der treue Freund des Seemannes. In immer kürzeren Zeiträumen wird es befragt, ob der Luftdruck weiter fällt oder ob sich schon eine Neigung zum Steigen zeigt. Beim tropischen Wirbelsturm kann das Barometer oft so rechtzeitig warnen, auch wenn die anderen Kennzeichen versagen, daß ein Schiff sein Verhalten auf die Annäherung an einen Orkan einzustellen vermag."

Wie warnt nun der Luftdruck?

An anderer Stelle hatte ich bereits ausführlich erläutert, daß in den Tropen und auch in den Subtropen die einzig sichere Quelle für das Wetter von Morgen die sorgfältige Überwachung der täglichen Luftdruckwelle ist. Abweichungen von der Tageswelle des Luftdrucks sind immer Alarmzeichen.

Hierzu schreibt Kapitän S*CHUBART:* „... Das Mittel, um diesen geringen Unregelmäßigkeiten des Luftdrucks in den Tropen auf die Spur zu kommen, besteht darin, daß man die augenblickliche Ablesung mit der vor 24 und 48 Stunden vergleicht."

Natürlich haben wir es heute bei den schreibenden Barometern einfacher, denn diese zeigen deutlich, ob der Tageswelle ein leichter Druckfall oder -anstieg überlagert ist. Wieder will ich hier Kapitän S*CHUBART* sprechen lassen, der uns ein hervorragender Lehrmeister bleibt:

„... Die täglichen Luftdruckwellen behalten ihre Regelmäßigkeit noch bei; der Luftdruck sinkt aber stetig und ist einige mmHg unter dem Normalwert (Anm.: entspricht einigen hPa). Ehe man sich versieht, setzt sich der Wind in einer Richtung fest, und weht mit Stärke 9, 10 und 11. Man hat eine Entwicklung mitgemacht und es zunächst gar nicht bemerkt. Vielleicht hat es auch an Bord mangels einem guten Barometer an einem Mittel gefehlt, den Luftdruck genau festzustellen."

Wie vermeide ich den Kontakt mit einem Orkan?

Wichtiger als den Abstand zu einem Orkan zu kennen, ist es zu wissen, in welche Richtung er zieht. Ist diese erst einmal bekannt, so braucht man nur noch in einem Winkel von 90 Grad zur Zugrichtung abzuhauen, um

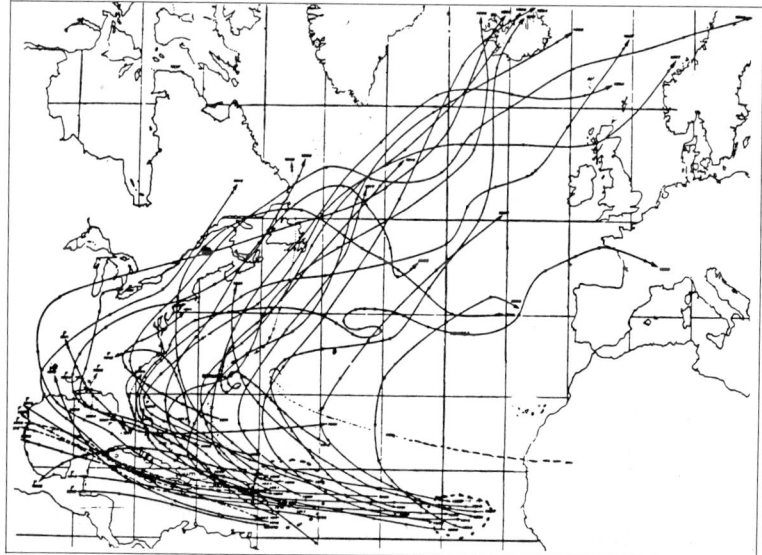

Diese Karte zeigt die Hauptzugbahnen der atlantischen Wirbelstürme seit 1887. Zwei Hauptzentren zeigen sich deutlich: Nahe der Kapverdischen Inseln und östlich der Kleinen Antillen werden die meisten Hurrikane „produziert".

das weitere Leben genießen zu können. In diesem Punkt sind wir gegenüber Kapitän SCHUBART sehr viel vorangekommen, über diverse Radioprogramme wird die Zugbahn eines tropischen Wirbelsturmes laufend bekannt gegeben. Sogenannte Hurricane-Warnzentren überwachen die gefährdeten Weltmeere mit Satelliten und Flugzeugen nahezu lückenlos. Trotzdem sind alle Aussagen über Verlagerungsrichtung und -geschwindigkeit lediglich Prognosen, und niemand kommt umhin, pausenlos sein Baro zu überwachen, auch wenn die Zugbahn noch so spezifiziert angegeben wird. Alle Prognosen stimmen nur solange, wie das Baro steigt.

Tropische Orkane bewegen sich sehr langsam voran, und bevorzugen klassische Bahnen. Die Kenntnis dieser klassischen Bahnen ist die beste Vorbereitung auf einen Orkan.

Das Manövrieren im Orkan

Das Ziel einer jeden Navigation muß es sein, stets so zu manövrieren, daß das Schiff nicht in den Einflußbereich der allerstärksten Winde kommt. Es heißt also, daß Zentrum eines Orkans in jedem Falle zu meiden. Noch heute bilden die alten Orkanregeln, die von Seefahrern vor immerhin 150 Jahren aufgestellt wurden, die Grundlage für jegliche Orkan-Navigation. Obwohl unsere Vorfahren von der Struktur des Orkanwirbels überhaupt keine rechte Ahnung hatten, waren ihre Beobachtungen und die daraus resultierenden navigatorischen Ratschläge faszinierend genau.

Der „Erfinder" der Orkanregeln war der britische Colonel REID, der bereits 1848 schrieb: „Als ich mit dem Studium der Orkane begann, fand ich, daß die Seeleute sich nach einer Regel sehnten, die ihnen angäbe, wie sie in einem Orkan beidrehen müßten, um den Wind raumend statt schralend zu haben."

„Wenn ein Schiff in einem Wirbelsturm beidrehen will, so daß es raumen Wind hat, muß es auf der rechten Orkanseite mit Steuerbord-Halsen bei-

Das Manövrieren im Orkan

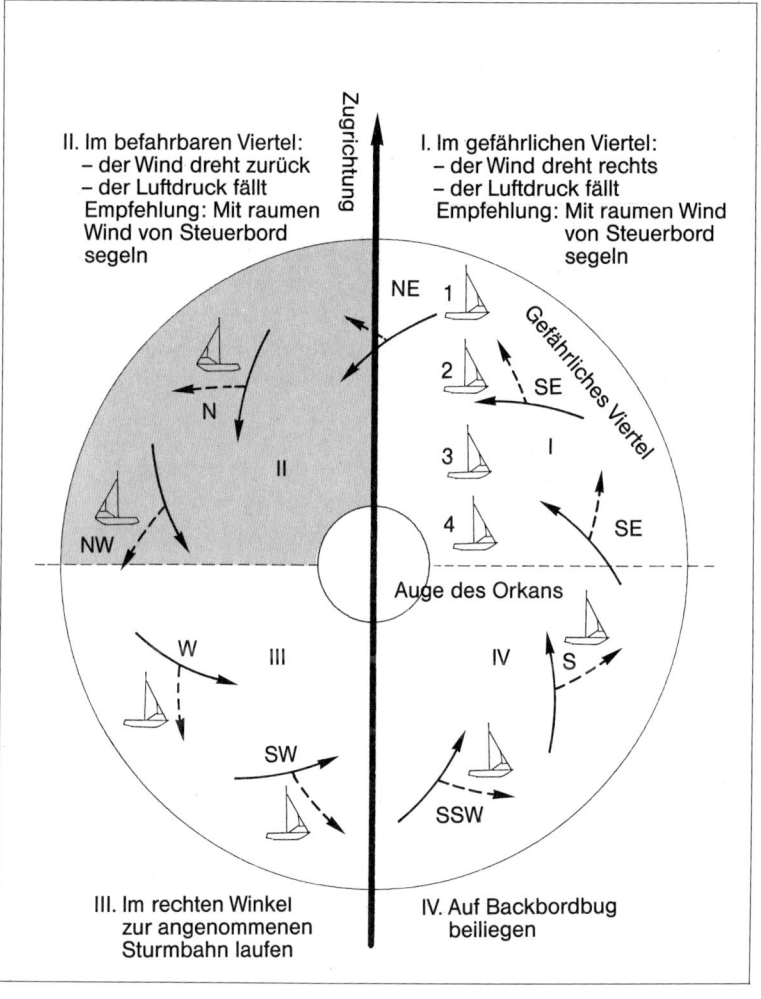

So manövriert eine Yacht im Orkan.
→ = Windrichtung   – – ▶ = Empfohlene Segelrichtung

drehen, und auf der linken mit Backbord-Halsen. Das gilt für beide Erdhälften.
So lautet die Regel von REID, und im Prinzip, übertragen auf Yachtsegelei, gilt sie auch heute noch.
REID führte auch die Begriffe der „gefährlichen, beziehungsweise fahrbaren Viertel" ein. Auf der Nordhemisphäre ist der vordere rechte Quadrat der gefährliche. Gefährlich ist dieses Viertel deshalb, weil zum einen jedes manövrierunfähige Schiff durch den rotierenden Wind genau in die Zugbahn des Orkans hineingedrückt wird, also dem Zentrum näher und näher kommt, zum anderen addiert sich hier die Windgeschwindigkeit des Orkanwirbels mit der seiner Verlagerungsgeschwindigkeit – es ist also das Viertel mit der größten Windgeschwindigkeit.
Fahrbar hat REID die Viertel genannt, aus denen ein Schiff aus eigener Kraft grundsätzlich entkommen kann.
– *Ein Schiff befindet sich auf der rechten Seite der Orkanbahn,* wenn der Wind rechts herum dreht. Die Gefahr wird in diesem Falle also größer werden, wenn der Kurs nicht geändert wird.
– Ein Schiff befindet sich auf der linken Seite der Orkanbahn, wenn der Wind zurückdreht.
Diese Regeln gelten für beide Erdhemisphären.

Das Barometer ist die Navigationshilfe im Orkan

Eine mögliche Winddrehung gibt also schon Auskunft, ob man im gefährlichen oder fahrbaren Viertel des Orkan sein wird. Nur sind natürlich Winddrehungen auf einem kleinen Boot gar nicht so leicht auszumachen, wenn die See bereits schwer geht. Hier hilft nur das Barometer. Fällt das Barometer, befindet man sich im vorderen Teil des Orkans, steigt es, hat man eines der hinteren Viertel erreicht.
Weht der Sturm dauernd aus derselben Richtung und fällt das Barometer dabei beständig, haben Schiff und Orkan dieselbe Richtung.
Wenn Winddrehung und barometrische Tendenz einander widersprechen sollten, **ist in jedem Falle dem Barometer zu vertrauen,** denn der Wind kann in einem tropischen Orkan leicht um 50 Grad schwanken, und so einen falschen Eindruck von der eigenen Position geben. Viele Schiffe

sind Opfer der Orkane geworden, weil sie sich im fahrbaren Quadranten durch die entsprechende Winddrehung wähnten – keiner achtete auf das kleine Barometer, das eindeutig auf die Nähe des gefährlichen Quadranten hinwies.

Das Manöver im gefährlichen Viertel

Im gefährlichen Viertel muß das Boot an den Wind gebracht werden. Dies ist die einzige Chance, dem Orkan zu entkommen. Am Wind mit der größtmöglichen Geschwindigkeit Nordbreite zu laufen ist die Devise. Dabei gilt der stete Blick dem Barometer: Sobald es steigt, ist die größte Gefahr vorüber, denn entweder hat der Orkan seine Zugbahn geändert, oder er zieht langsam weiter und das Boot entfernt sich von seinem Zentrum. Bleibt das Barometer konstant, ist die Gefahr weiterhin akut, denn der Orkan zieht in die Richtung des Schiffskurses.

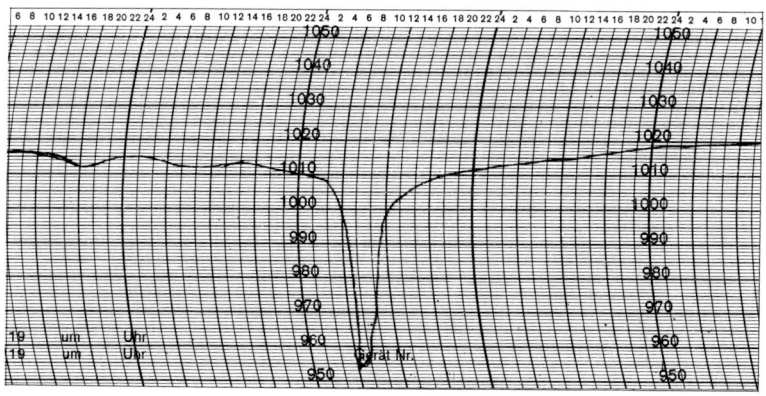

Die barometrische Registrierung von M.S. „Königsberg" am 3. September 1926 in einem Taifun. Dazu Kapitän A. Ricklefs: „Der Wind wehte stetig mit Bft 1–2. Der Druck war leicht gefallen. Dann kam Dünung auf, die schnell zunahm. Gegen Mitternacht hohe Dünung. Danach rascher Barometerfall. Der stetige Wind nahm beständig zu und erreichte rasch volle Orkanstärke. Dann herrschte 30 Minuten volle Stille, bis der Orkan wieder einsetzte. Das Zentrum war bei uns in nächster Nähe vorbeigegangen."

Orkan-Navigation mit dem Luftdruckmesser

Das Manöver im fahrbaren Viertel

Die einfachste Methode, der drohenden Nähe eines Orkans zu entkommen, ist vor dem Wind abzulaufen, bis das Barometer einen vertrauenserweckenden Druckanstieg ausweist. Das bisherige Reiseziel sollte dabei rasch und großzügig aufgegeben werden, denn es ist entschieden sinnvoller, 100 sm aufzukreuzen, die man tags zuvor verloren hat, als sein nacktes Leben mit etwas Schiffsschrott zu retten.

Fällt das Barometer beständig, und bläst der Wind immer aus der gleichen Richtung, ist davon auszugehen, daß der Orkan heranrückt. Das Schiff muß in diesem Fall unbedingt Nordbreite gutmachen, und zwar mit dem Wind von Steuerbord achtern. Später notwendiges Beidrehen wird genauso durchgeführt.

Mehr über das Wetter

über Hochs und Tiefs, Kaltfront und Warmfront, über den Wind und den Seewetterbericht, über meteorologische Instrumente an Bord und den Wetterkartenschreiber, über das Zeichnen und Auswerten von Wetterkarten und vieles andere lesen Sie in diesem ausführlichen Buch:

Dazu bietet der erfahrene Autor brauchbare Wetterregeln und meteorologische Revierkunden für die Nordsee, die Ostsee und das Mittelmeer.

Das Buch ist ebenso anschaulich wie nützlich und eine Bereicherung für die Bordbibliothek.

Dieter Karnetzki

Das Wetter von morgen
Praxis für den Yachtsport

180 Seiten mit 201 meist farbigen Abbildungen, gebunden DM 38,- (Preisänderung vorbehalten!)

Erhältlich in Ihrer Buchhandlung.

 Delius Klasing Verlag

Die **YACHT-BÜCHEREI** ist die preiswerte Bibliothek für eingehendes Fachwissen auf vielerlei Spezialgebieten. Diese Bände sind lieferbar:

1 **Das kleine Sternenbuch**
von W. Stein
8 **Wetterkunde** von W. Stein
9 **Knoten, Spleißen, Takeln**
von E. Sondheim
13 **8 × Wassersport** (Wörterbuch)
von B. Webb
27 **Medizin an Bord**
von Dr. K. Bandtlow
28 **Kleines Signalbuch**
von E. O. Braasch
29 **Allgemeines Sprechfunkzeugnis**
von H. Overschmidt/C. Johann
32 **Bootspflege selbst gemacht**
von J. Schult
33 **Bootsreparaturen selbst gemacht**
von J. Schult
34 **Praktisches Navigieren nach Gestirnen** von M. Blewitt
39 **So arbeitet das Segel**
von J. Schult
40 **Segeltechnik leicht gemacht**
von J. Schult
41 **Richtig ankern** von J. Schult
47 **Außenborder** von H. Donat
50 **Spinnakersegeln** von B. Aarre
52 **Kleine Boote selbst gebaut**
von H. Donat
54 **Die Wettsegelbestimmungen 1989–1992** von E. Twiname
55 **Bootsmotoren – Diesel u. Benzin**
von H. Donat
57 **Seeschiffahrtsstraßen-Ordnung** von A. Bark
59 **Segler-Lexikon** (Doppelband)
von J. Schult
60 **Hafenmanöver** von B. Schenk
62 **Radar auf Yachten**
von Hans G. Strepp
66 **UKW-Sprechfunkzeugnis**
von G. Hommer
67 **Kompaß-ABC** von A. Heine
68 **Wie baue ich meine Yacht?**
von K. Reinke
70 **Chartern ohne Risiko**
von J. Herrmann/U. v. Hintzenstern
72 **Notfälle an Bord – was tun?**
von J. Schult (Doppelband)
73 **Mehr Meilen mit weniger Sprit**
von H. Donat

74 **Psychologie an Bord**
von M. Stadler
75 **Nachtfahrt** von J. Schult
76 **Segler-Quiz** von J. Schult
77 **Windselbststeueranlagen**
von M. Naujok
78 **Motorsegler** von H. Donat
79 **Yachtelektronik** von J. F. Muhs
80 **Bootsanhänger** von H. Donat
81 **Schiffe aus zweiter Hand**
von H. Donat
82 **Ich kaufe eine Traileryacht**
von R. Drenk
83 **Überhol deine Navigation**
von H. Janßen
84 **Yachtelektrik** von J. F. Muhs
85 **Decca, Radar und Satellitennavigation** von T. Rietveld
86 **Das optimal getrimmte Rigg**
von P. Schweer
87 **Die ungleichen Partner**
von G. Engel
88 **Astronomische Navigation**
von W. Stein/W. Kumm
89 **Mit dem Boot ins Winterlager**
von H. Janßen
90 **Heizen und Kühlen an Bord**
von E. Lamprecht
91 **Navigation leicht gemacht**
von W. Stein/W. Kumm
92 **Kollisionsverhütungsregeln**
von A. Bark
93 **Wolken und Wetter**
von D. Karnetzki
94 **Match Racing**
von J. Halbe
95 **Wie beurteile ich eine Yacht**
von J. F. Muhs
96 **Festkommen und abbringen, stranden und bergen**
von J. Schult
97 **Luftdruck und Wetter**
von D. Karnetzki

Die Bibliothek wird laufend erweitert. Fragen Sie bitte Ihren Buchhändler und beachten Sie unsere Ankündigungen.

 Delius Klasing Verlag